Cuaderno de actividades

Mundo 21

Second Edition

Fabián A. Samaniego
University of California, Davis
Emeritus

Nelson Rojas
University of Nevada, Reno

Francisco X. Alarcón
University of California, Davis

Houghton Mifflin Company
Boston New York

Director, Modern Language Programs: **E. Kristina Baer**
Development Manager: **Beth Kramer**
Senior Development Editor: **Pedro Urbina**
Senior Project Editor: **Julie Lane**
Production/Design Coordinator: **Jennifer Waddell**
Manufacturing Coordinator: **Sally Culler**
Marketing Manager: **Tina Crowley-Desprez**

Illustrations
Carlos Castellanos
Ruth Flanigan
Michael Lenn

Printed in the U.S.A.

ISBN: 0-395-96467-9

123456789-POO-04 03 02 01 00

CONTENIDO

To the Instructor iv

Unidad 1
- Lección 1 1
- Lección 2 17
- Lección 3 25

Unidad 2
- Lección 1 39
- Lección 2 49
- Lección 3 59

Unidad 3
- Lección 1 69
- Lección 2 79
- Lección 3 89

Unidad 4
- Lección 1 97
- Lección 2 107
- Lección 3 115

Unidad 5
- Lección 1 125
- Lección 2 135
- Lección 3 145

Unidad 6
- Lección 1 157
- Lección 2 167
- Lección 3 177

Unidad 7
- Lección 1 185
- Lección 2 195
- Lección 3 205

Unidad 8
- Lección 1 215
- Lección 2 225
- Lección 3 233

Answer Key A-1

Organización

The **Cuaderno de actividades** is organized by unit, by lesson, and by skill. Each lesson consists of the following two main sections.

¡A escuchar!

This section contains student activity sheets to accompany the Audio Program, which includes listening comprehension activities; accentuation, pronunciation, and spelling practice; and grammar review.

¡A explorar!

This section provides guided and extended writing practice, consisting of a function driven, contextualized review of the grammar lesson. It also contains vocabulary practice activities for each lesson and a composition practice activity. The writing topics presented allow students to be creative, expressing their own opinions about some aspect of the cultural content of the lesson.

¡A escuchar!

The **¡A escuchar!** section consists of three parts: **Gente del Mundo 21, Gramática en contexto,** and **Acentuación y ortografía** (which in the later units becomes **Pronunciación y ortografía).**

Gente del Mundo 21

In this section, students complete real-life listening activities based on one of the personalities studied in the **Gente del Mundo 21** section of the student text. These activities review what students learned about the individual and often give additional information. Real-life listening formats, such as radio programs, TV news reports, or experts lecturing, are always used. Student comprehension is checked by using a *true / false / insufficient information* format.

Gramática en contexto

This section reinforces the lesson's grammatical structures in functional contexts. A conscious effort is made to recycle functions previously learned, such as ordering a meal, describing people and things, extending invitations, or going shopping. At the same time, new lesson functions are practiced, like narrating in present, past, and future time, expressing hopes and desires, and making recommendations. Illustrations are used throughout this section both to support listening comprehension and to make it more challenging.

Acentuación y ortografía / Pronunciación y ortografía

In this section students complete a thorough review of accentuation, including exercises on syllabification, diphthongs, triphthongs, and homophony. The pronunciation sections focus on letter/sound relationships and provide extensive listening and writing practice with words that are difficult to spell, using such combinations as **b/v, c/s/z, q/k, g/j, ll/y, r/rr, h,** and **x.** The last part of this section is the **Dictado,** a five-to-eight sentence paragraph read as dictation. The **Dictado** topics always review cultural information presented in the lesson.

Suggestions for Working with *¡A escuchar!*

Have students listen to the **¡A escuchar!** audiocassettes/CDs as they complete each lesson. There is much flexibility as to how the audio portion can be used.

- Listen to them in class after completing their corresponding sections in the student text.
- Assign them to be done in the language lab, if you have one.
- Always try to review the correct answers with the class after they have worked with the tapes/CDs. One way is to write the correct answers on a transparency and have students check each other's or their own work.
- Vary how and when you have students work with the tapes/CDs. For example, do the **Dictado** in class sometimes; assign it as homework other times.

¡A explorar!

The **¡A explorar!** section also consists of three parts: **Gramática en contexto, Vocabulario activo,** and **Composición.**

Gramática en contexto

Like its counterpart with the same name in **¡A escuchar!,** this section continues to review the lesson's grammatical structures in functional contexts while recycling functions previously learned. It generally consists of contextualized and personalized fill-in-the-blank exercises, and sentence completion and transformation practice, giving students the writing exposure needed with the grammatical concepts being reviewed. When appropriate, **Vocabulario útil** boxes appear to help students recall vocabulary previously learned.

Vocabulario activo

Here students further practice using the vocabulary they learned in **Mejoremos la comunicación.** Practice with the active vocabulary is provided in a variety of formats: matching columns, cooperative crossword puzzles, word searches, and so on.

Composición

This section makes up the last part of **¡A explorar!** and gives students open-ended, communicative topics for creative personalized writing. The topics are designed to challenge student creativity by having them express their own opinions or give their own interpretations of historical or literary events in the lesson. A conscious effort is made to have students practice the writing strategies and functions taught in the **Escribamos ahora** section of the unit they are studying.

Suggestions for Working with *¡A explorar!*

Have students do the **¡A explorar!** exercises as they complete the corresponding sections in their student texts. How and when they do the exercises is a matter of the instructor's preference. The following are some possibilities.

- Assign the **Gramática en contexto** exercises as homework, or do them in class, after you complete the corresponding sections in the student text.
- Write the answers to the **Gramática en contexto** exercises on a transparency and have students check their own or their classmates' work before turning it in to you.

- Assign the **Composición** as homework one or two days before completing a lesson. Collect and grade them holistically, using either the second or a combination of the second and third approaches presented in the General Teaching Suggestions in the Instructor's Resource Manual.

- Do not spend a lot of time grading the **Cuaderno de actividades** exercises. Students will benefit more if you have them grade their own or their classmates' work. If graded holistically, the compositions should not take much time and should serve to motivate students to develop more fluency in writing.

¡Buena suerte!

Fabián A. Samaniego

Nelson Rojas

Francisco X. Alarcón

Nombre ______________________ Fecha ______________

Sección ______________

¡A escuchar!

Gente del Mundo 21

A **César Chávez.** Ahora vas a tener la oportunidad de escuchar a una de las personas que hablaron durante una celebración pública en homenaje a César Chávez. Escucha con atención lo que dice y luego marca si cada oración que sigue es **cierta (C), falsa (F)** o si no tiene relación con lo que escuchaste **(N/R).**

C F N/R **1.** César Chávez nació el 31 de marzo de 1927 en Sacramento, California.

C F N/R **2.** El Concejo Municipal y el alcalde de Sacramento declararon el último lunes de marzo de cada año como un día festivo oficial para celebrar el nacimiento de César Chávez.

C F N/R **3.** César Chávez fue un político muy reconocido que fue gobernador de California.

C F N/R **4.** La oradora dice que la vida de César Chávez se compara con la de Gandhi y la de Martin Luther King.

C F N/R **5.** En sus discursos, César Chávez hacía referencia a Martin Luther King.

Gramática en contexto: *descripción*

B **Mirando edificios.** Escucha las siguientes oraciones y coloca una marca **(X)** debajo del dibujo correspondiente a cada una. Escucha una vez más para verificar tus respuestas.

1.

A. ______ **B.** ______

2.

A. ______ **B.** ______

3.

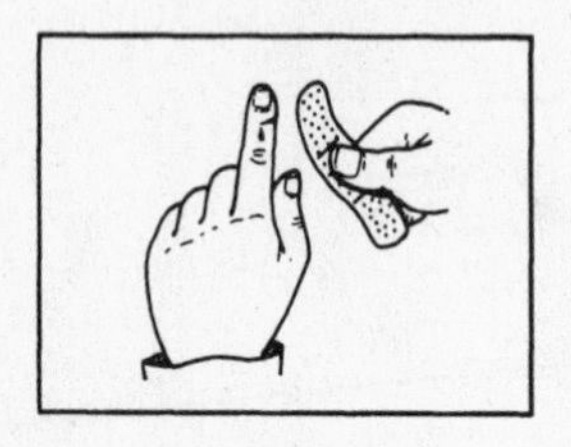

A. ______ **B.** ______

4.

A. ______ **B.** ______

5.

A. ______ **B.** ______

Nombre ______________________ Fecha ____________

Sección ______________

C **Mis amigos.** Escucha la descripción de Óscar, Josefina, Lorenzo y Ana, y escribe el nombre correspondiente debajo del dibujo que representa a cada uno.

1. ______

2. ______

3. ______

4. ______

D **Mi clase de español.** En cada una de las descripciones siguientes, haz una marca **(X)** sobre la palabra que no aparece en la descripción que vas a escuchar. Escucha una vez más para verificar tus respuestas.

1. Mi sala de clases de español es...

clara colorida espaciosa grande

2. Mi profesora de español es...

distraída divertida inteligente simpática

3. Algunos de mis compañeros son...

estudiosos respetuosos trabajadores serios

4. Otros compañeros son...

antipáticos descuidados descorteses perezosos

Separación en sílabas

E **Sílabas.** Todas las palabras se dividen en sílabas. Una sílaba es la letra o letras que forman un sonido independiente dentro de una palabra. Para pronunciar y deletrear correctamente, es importante saber separar las palabras en sílabas. Hay varias reglas que determinan cómo se forman las sílabas en español. Estas reglas hacen referencia tanto a las **vocales (a, e, i, o, u)** como a las **consonantes** (cualquier letra del alfabeto que no sea vocal).

Regla Nº 1: Todas las sílabas tienen por lo menos una vocal.

Estudia la división en sílabas de las siguientes palabras mientras la narradora las lee.

Tina:	Ti-na	gitano:	gi-ta-no
cinco:	cin-co	alfabeto:	al-fa-be-to

Regla Nº 2: La mayoría de las sílabas en español comienza con una consonante.

moro:	mo-ro	romano:	ro-ma-no
lucha:	lu-cha	mexicano:	me-xi-ca-no

Una excepción a esta regla son las palabras que comienzan con una vocal. Obviamente la primera sílaba de estas palabras tiene que comenzar con una vocal y no con una consonante.

Ahora estudia la división en sílabas de las siguientes palabras mientras el narrador las lee.

Ana:	**A**-na	elegir:	**e**-le-gir
elefante:	**e**-le-fan-te	ayuda:	**a**-yu-da

Regla Nº 3: Cuando la **l** o la **r** sigue a una **b, c, d, f, g, p** o **t** forman agrupaciones que nunca se separan.

Estudia cómo estas agrupaciones no se dividen en las siguientes palabras mientras la narradora las lee.

po**bl**ado:	po-**bla**-do	**dr**ogas:	**dro**-gas
bracero:	**bra**-ce-ro	an**gl**o:	an-**glo**
es**cr**itor:	es-**cri**-tor	ac**tr**iz:	ac-**triz**
flojo:	**flo**-jo	ex**pl**orar:	ex-**plo**-rar

Nombre ____________________ Fecha ____________

Sección ______________

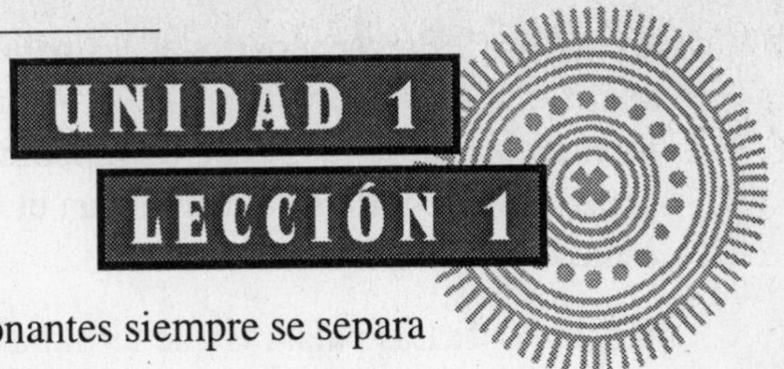

Regla Nº 4: Cualquier otra agrupación de consonantes siempre se separa en dos sílabas.

Estudia cómo estas agrupaciones se dividen en las siguientes palabras mientras la narradora las lee.

a**z**teca:	a**z-te**-ca	exce**pt**o:	**ex-cep-to**
me**st**izo:	me**s-t**i-zo	a**lc**a**ld**e:	**al-cal-de**
dive**rs**idad:	di-ve**r-s**i-dad	u**rb**ano:	**ur-b**a-no

Regla Nº 5: Las agrupaciones de tres consonantes siempre se dividen en dos sílabas, manteniendo las agrupaciones indicadas en la regla Nº 3 y evitando la agrupación de la letra **s** antes de otra consonante.

Estudia la división en sílabas de las siguientes palabras mientras la narradora las lee.

instante:	**ins-t**an-te	con**str**ucción:	con**s-tr**uc-ción
empleo:	**em-pl**e-o	**extr**año:	**ex-tr**a-ño
estrenar:	**es-tr**e-nar	ho**mbr**e:	ho**m-br**e

F **Separación.** Divide en sílabas las palabras que escucharás a continuación.

1. a b u r r i d o
2. c o n m o v e d o r
3. d o c u m e n t a l
4. a v e n t u r a s
5. a n i m a d o
6. m a r a v i l l o s a
7. s o r p r e n d e n t e
8. m u s i c a l e s
9. d i b u j o s
10. m i s t e r i o
11. b o l e t o
12. a c o m o d a d o r
13. c e n t r o
14. p a n t a l l a
15. e n t r a d a
16. e n t e r a d o

G

El "golpe". En español, todas las palabras de más de una sílaba tienen una sílaba que se pronuncia con más fuerza o énfasis que las demás. Esta fuerza de pronunciación se llama acento prosódico o "golpe". Hay dos reglas o principios generales que indican dónde llevan el "golpe" la mayoría de las palabras de dos o más sílabas.

Regla Nº 1: Las palabras que terminan en **vocal, n** o **s,** llevan el "golpe" en la penúltima sílaba. Escucha al narrador pronunciar las siguientes palabras con el "golpe" en la penúltima sílaba.

ma - no   pro - fe - **so** - res   ca - **mi** - nan

Regla Nº 2: Las palabras que terminan en consonante, excepto **n** o **s,** llevan el "golpe" en la última sílaba. Escucha al narrador pronunciar las siguientes palabras con el "golpe" en la última sílaba.

na - **riz**   u - ni - ver - si - **dad**   ob - ser - **var**

Ahora escucha al narrador pronunciar las palabras que siguen y subraya la sílaba que lleva el golpe. Ten presente las dos reglas que acabas de aprender.

es-tu-dian-til   re-a-li-dad   o-ri-gi-na-rio   glo-ri-fi-car

Val-dez   al-cal-de   ga-bi-ne-te   sin-di-cal

i-ni-cia-dor   re-loj   pre-mios   o-ri-gen

ca-si   re-cre-a-cio-nes   ca-ma-ra-da   fe-rro-ca-rril

H

Acento escrito. Todas las palabras que no siguen las dos reglas anteriores llevan acento **ortográfico** o **escrito.** El acento escrito se coloca sobre la vocal de la sílaba que se pronuncia con más fuerza o énfasis. Escucha al narrador pronunciar las siguientes palabras que llevan acento escrito. La sílaba subrayada indica dónde iría el "golpe" según las dos reglas anteriores.

ma - **má**   in - for - ma - **ción**   Ro - **drí** - guez

Ahora escucha al narrador pronunciar las siguientes palabras que requieren acento escrito. Subraya la sílaba que llevaría el golpe según las dos reglas anteriores y luego pon el acento escrito en la sílaba que realmente lo lleva. Fíjate que la sílaba con el acento escrito nunca es la sílaba subrayada.

con-tes-to   ra-pi-da   do-mes-ti-co   in-di-ge-nas

prin-ci-pe   tra-di-cion   ce-le-bra-cion   dra-ma-ti-cas

li-der   e-co-no-mi-ca   po-li-ti-cos   a-gri-co-la

an-glo-sa-jon   de-ca-das   et-ni-co   pro-po-si-to

Nombre ______________________ Fecha ____________

Sección ______________

UNIDAD 1
LECCIÓN 1

I

Dictado. Escucha el siguiente dictado e intenta escribir lo más que puedas. El dictado se repetirá una vez más para que revises tu párrafo.

Los chicanos

____

____

____

____

____

____

____

____

____

____

____

____

____

____

¡A explorar!

Gramática en contexto: *descripción*

J **Influencia de las lenguas amerindias.** Escribe el plural de los siguientes animales y plantas, cuyo nombre proviene de las lenguas indígenas americanas.

1. aguacate ______________________
2. alpaca ______________________
3. cacahuate ______________________
4. cacao ______________________
5. caimán ______________________
6. cóndor ______________________
7. coyote ______________________
8. iguana ______________________
9. jaguar ______________________
10. nopal ______________________
11. puma ______________________
12. tomate ______________________

K **Lenguas de España.** Completa el siguiente texto con el **artículo definido** apropiado. Escribe **X** si no se necesita ningún artículo. Presta atención a la contracción del artículo definido y en ese caso agrega solamente la letra que falta.

______________ (1) lengua oficial de España es ______________ (2) español. Sin embargo, además de esta lengua, la gente habla ______________ (3) gallego, ______________ (4) catalán y ______________ (5) vasco. ______________ (6) tres primeras son lenguas derivadas de ______________ (7) latín, mientras que ______________ (8) última es una lengua cuyo origen se desconoce.

L **Edward James Olmos.** Completa el siguiente texto con el **artículo definido** o **indefinido** apropiado. Escribe **X** si no se necesita ningún artículo.

Edward James Olmos es ______ (1) actor. Es ______ (2) actor hispano. Tiene fama tanto en ______ (3) cine y en ______ (4) teatro como en ______ (5) televisión. Realiza ______ (6) valiosa labor en favor de ______ (7) jóvenes de ______ (8) comunidad latina.

Nombre ______________________ Fecha ______________

Sección ______________

UNIDAD 1

LECCIÓN 1

M **Diversiones.** Debajo de cada dibujo, escribe lo que tú y tus amigos hacen.

MODELO

Elena

Elena baila en una fiesta.

Vocabulario útil

asistir a partidos
alquilar un video
bailar en una fiesta
cenar en un restaurante
correr por el parque
escuchar la radio
ir a la playa
ir de compras
montar en bicicleta
nadar en la piscina
tocar la guitarra
tomar sol

Gabriel

1. ______________________________

____

Cristina

2. ______________________________

____

Yo

3. ______________________________

____

Julia y Ricardo

4. ______________________________

____

Tú

5. ______________________________

____

Jimena y yo

6. ______________________________

____

Los hermanos Ruiz

7. ______________________________

____

Nombre ______________________ Fecha ____________

Sección ______________

UNIDAD 1
LECCIÓN 1

N **Rutina del semestre.** ¿Cuál es la rutina diaria de este estudiante? Para saberlo, completa el siguiente texto con el **presente de indicativo** de los verbos indicados entre paréntesis.

Este semestre yo ________________________ (1. estudiar) y ________________________ (2. trabajar). Después de la escuela, ________________________ (3. leer) mis libros de texto y ________________________ (4. hacer) la tarea. A veces ________________________ (5. escuchar) música o ________________________ (6. mirar) la televisión mientras ________________________ (7. preparar) mi almuerzo. Más tarde ________________________ (8. pasar) unas horas en un restaurante local trabajando como mesero. Con este trabajo ________________________ (9. ganar) algunos dólares y también ________________________ (10. ahorrar) un poco. Claro, ________________________ (11. echar) de menos las reuniones con mis amigos, pero me ________________________ (12. juntar) con ellos los fines de semana.

0 **¿Cómo son?** Describe a las siguientes personas y personajes.

MODELO

Sabine Ulibarrí

Sabine Ulibarrí es delgado e inteligente.

Vocabulario útil

cómico	alto
bajo	delgado
gordo	grande
guapo	hermoso
atlético	viejo
joven	fuerte
inteligente	honesto
deshonesto	divertido

Adolfo Miller

1. ______________

Don Anselmo

2. ______________

Víctor

3. ______________

Francisquita, la madre

4. ______________

Francisquita, la hija

5. ______________

Sandra Cisneros

6. ______________

P

Tierra Amarilla. ¿Cómo crees tú que es el pueblo de Tierra Amarilla en Nuevo México, donde tuvo lugar el cuento de "Adolfo Miller"? Descríbelo.

MODELO *el pueblo de Tierra Amarilla*
El pueblo de Tierra Amarilla es sencillo, pequeño y tranquilo.

Vocabulario útil

grande	pequeño	atractivo	moderno
viejo	bonito	feo	largo
corto	apacible	elegante	sencillo
caro	barato	bueno	malo
activo	tranquilo	exótico	extenso

1. la calle principal

____

2. el centro de la ciudad

____

3. las calles del centro

____

4. la tienda de don Anselmo

____

5. la escuela de Francisquita

____

6. la iglesia

____

7. el parque

____

8. los alrededores del pueblo

____

Q

Estados de ánimo. Víctor acaba de descubrir que Adolfo Miller se ha escapado con todo el dinero. Inmediatamente les comunica esto a don Anselmo y a la familia. ¿Cómo se sienten estas personas al saber de la noticia?

MODELO

Victor

Víctor se siente enojado.

Vocabulario útil

contento	triste
decepcionado	furioso
satisfecho	enojado
preocupado	sorprendido

Don Anselmo

1. ______________________________

Francisquita, la madre

2. ______________________________

Francisquita, la hija

3. ______________________________

Adolfo Miller

4. ______________________________

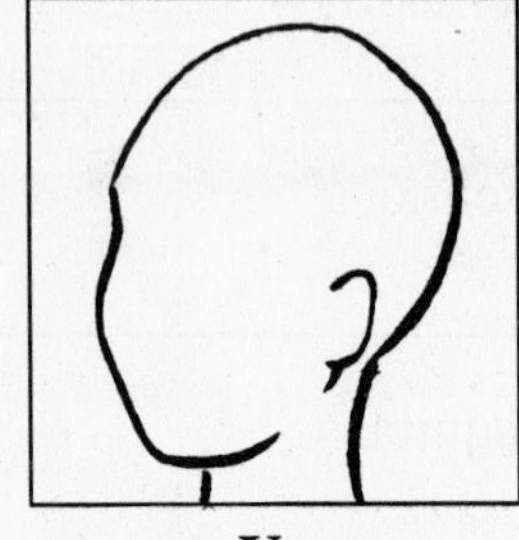

Yo

5. ______________________________

Nombre ______________________ Fecha ______________

Sección ______________

UNIDAD 1

LECCIÓN 1

Vocabulario activo

R **Lógica.** En cada grupo de palabras, subraya aquélla que no esté relacionada con el resto.

1. boleto	entrada	vaqueros	acomodador	taquilla
2. taquillero	asiento	butaca	fila	pantalla
3. fila	acomodador	centro	espantoso	lados
4. formidable	sorprendente	conmovedor	pésimo	boletería
5. cómica	documental	policíaca	musical	entretenido

S **Definiciones.** Indica qué frase de la segunda columna describe correctamente cada palabra de la primera.

____ **1.** entretenido	**a.** mujer que actúa en el cine
____ **2.** de guerra	**b.** ordenarse uno tras otro
____ **3.** pantalla	**c.** silla
____ **4.** hacer cola	**d.** asiento privado o en el centro
____ **5.** actriz	**e.** conmovedor
____ **6.** de misterio	**f.** donde se proyecta una película
____ **7.** butaca	**g.** divertido
____ **8.** asiento	**h.** de ilustraciones activas
____ **9.** de dibujos animados	**i.** de combate y batallas
____ **10.** impresionante	**j.** de secretos y sorpresas

Composición: *descripción*

T

Película favorita. De todas las películas que has visto, ¿cuál consideras la que más te ha gustado y fácilmente podrías ver una y otra vez? ¿Qué tipo de película es? ¿Por qué es superior a todas las demás? En una hoja en blanco, escribe una breve descripción de esa película.

Nombre ____________________ Fecha ____________

Sección ______________

¡A escuchar!

Gente del Mundo 21

A **Esperando a Rosie Pérez.** Ahora vas a tener la oportunidad de escuchar a dos comentaristas de la radio en español que asisten a la ceremonia de la entrega de los premios "Óscar". Escucha con atención lo que dicen y luego marca si cada oración que sigue es **cierta (C), falsa (F)** o si no tiene relación con lo que escuchaste **(N/R).**

C F N/R **1.** Los comentaristas de la radio están en la entrada del Teatro Chino, en Hollywood, donde va a tener lugar la entrega de los premios "Óscar".

C F N/R **2.** Rosie Pérez ha sido nominada para un premio "Óscar" por su actuación en la película titulada *Fearless.*

C F N/R **3.** La actriz nació en San Juan de Puerto Rico pero su familia se mudó a Los Ángeles.

C F N/R **4.** Rosie Pérez estudió biología marina en la Universidad Estatal de California en Los Ángeles.

C F N/R **5.** Un actor latino acompaña a Rosie Pérez a la entrega de premios.

C F N/R **6.** Lo que más le sorprendió a uno de los comentaristas es su elegante vestido negro.

Gramática en contexto: *hacer una invitación, pedir en un restaurante y descripción*

B

Planes. Escucha la conversación entre Sofía y Pedro y luego indica si las oraciones que siguen son **ciertas (C)** o **falsas (F).** Escucha una vez más para verificar tus respuestas.

C F **1.** Probablemente estamos en verano.

C F **2.** Al comienzo, Sofía propone ir a casa de Teresa.

C F **3.** Hay una piscina en la casa de Teresa.

C F **4.** La casa de Teresa está cerca de la playa.

C F **5.** Al final, Pedro y Sofia deciden ir a casa de Teresa, no a la playa.

C

Almuerzo. Un grupo de amigos almuerzan en un restaurante puertorriqueño y le indican al camarero lo que desean comer. Para cada plato, indica si alguien lo ha pedido **(Sí)** o no **(No).** Escucha los pedidos una vez más para verificar tus respuestas.

1. Sí No

2. Sí No

3. Sí No

4. Sí No

5. Sí No

6. Sí No

7. Sí No

8. Sí No

Nombre ____________________ Fecha ____________

Sección ______________

D **Una profesional.** Escucha la siguiente descripción y luego haz una marca **(X)** sobre las palabras que completan correctamente la información. Escucha una vez más para verificar tus respuestas.

1. La persona que habla es...

socióloga | psicóloga | enfermera

2. Tiene...

27 años | 17 años | 37 años

3. Su lugar de nacimiento es...

Nueva Jersey | Puerto Rico | Nueva York

4. En su práctica profesional atiende a...

jóvenes | niños | ancianos

5. En sus horas libres, para distraerse, a veces...

juega al béisbol | mira la televisión | practica el tenis

Acentuación y ortografía

E **Diptongos.** Un diptongo es la combinación de una vocal débil **(i, u)** con cualquier vocal fuerte **(a, e, o)** o de dos vocales débiles en una sílaba. Los diptongos se pronuncian como un solo sonido en las sílabas donde ocurren. Escucha al narrador pronunciar estas palabras con diptongos.

gra - **cias** a - **cei** - te **cui** - da - do

Ahora, al escuchar al narrador pronunciar las siguientes palabras, pon un círculo alrededor de cada diptongo.

b a i l a r i n a | i n a u g u r a r | v e i n t e
J u l i a | c i u d a d a n o | f u e r z a s
b a r r i o | p r o f e s i o n a l | b o r i c u a s
m o v i m i e n t o | p u e r t o r r i q u e ñ o | c i e n t í f i c o s
r e g i m i e n t o | p r e m i o | e l o c u e n t e

F **Separación en dos sílabas.** Un diptongo con un acento escrito sobre la vocal débil **(i, u)** forma dos sílabas distintas. Escucha al narrador pronunciar estas palabras con diptongos separados en dos sílabas por un acento escrito.

me - lo - **dí** - a   **ma - íz**   **ba - úl**

Ahora, al escuchar al narrador pronunciar las siguientes palabras, pon un acento escrito en aquéllas donde se divide el diptongo en dos sílabas.

escenario	desafio	judio
todavia	tainos	cuatro
ciudadania	refugiado	pais
harmonia	categoria	miembros
literaria	diferencia	Raul

G **¡A deletrear!** Ahora escribe cada palabra que el narrador pronuncie. Va a decir cada palabra dos veces. Luego va a repetir la lista completa una vez más.

1. ____________ **4.** ____________

2. ____________ **5.** ____________

3. ____________ **6.** ____________

H **Dictado.** Escucha el siguiente dictado e intenta escribir lo más que puedas. El dictado se repetirá una vez más para que revises tu párrafo.

Los puertorriqueños en EE.UU.

____

____

____

____

____

____

____

____

____

____

____

Nombre ______________________ Fecha ____________

Sección ______________

¡A explorar!

Gramática en contexto: *hacer una invitación, pedir en un restaurante y descripción*

I **Desfile puertorriqueño.** Un amigo te invita a ir al Desfile Anual Puertorriqueño. Completa la siguiente conversación con la forma apropiada del verbo indicado entre paréntesis.

AMIGO: Esta tarde ____________________ (1. ir / nosotros) al Desfile Anual Puertorriqueño en el centro. ¿ ____________________ (2. Querer / tú) venir con nosotros?

TÚ: No ____________________ (3. saber / tú) cuánto lo ____________________ (4. sentir / yo), pero hoy no ____________________ (5. poder / yo). ____________________ (6. Jugar / yo) al béisbol a las cuatro y media y mis compañeros de equipo ____________________ (7. contar / ellos) conmigo; ____________________ (8. tener / nosotros) un partido muy importante.

AMIGO: Bueno, ¿quizás la próxima vez? Te ____________________ (9. perder / tú) el espectáculo del año. Tito Puente, “el Rey de la Salsa”, es el Gran Mariscal este año.

TÚ: Sí, ya lo sé. Pero, ¿qué voy a hacer? Ya tengo un compromiso. Oye, muchas gracias por la invitación.

J

Después del desfile. Tú y tus amigos van a almorzar a un restaurante. Completa la siguiente conversación eligiendo el verbo apropiado entre los que figuran al final de cada sección.

CAMARERO: Muy buenas tardes. ¿Una mesa para cuatro?

TÚ: Sí, por favor.

(Al llegar a la mesa)

CAMARERO: Aquí ____________________ (1) Uds. el menú. Les ____________________ (2) el menú del día. ____________________ (3) seleccionar sopa o ensalada y un plato principal; ____________________(4) también postre y café. Y ____________________ (5) un precio fijo muy razonable. ____________________ (6) en seguida.

incluye / tienen / pueden / vuelvo / recomiendo / tiene

(El grupo decide qué va a pedir)

TERESA: ____________________ (7) que ____________________ (8) a comer un sándwich con una bebida. No ____________________ (9) mucha hambre.

MAURICIO: Yo ____________________ (10) pedir lo que ____________________ (11) siempre en un restaurante puertorriqueño: arroz con pollo. Y un refresco.

voy / pido / tengo / creo / pienso

TÚ: Mauricio ____________________ (12) con su plato favorito; nadie lo ____________________ (13) de cambiar de menú. Yo ____________________ (14) el menú del día.

quiero / sigue /convence

CAROLINA: Yo no ____________ (15) qué pedir. ¿Qué me ____________ (16) ?

MAURICIO: Si te ____________ (17) el lechón, ____________ (18) que aquí lo ____________ (19) muy bien.

agrada / hacen / sé / entiendo / sugieren

K **Presentación.** Un amigo puertorriqueño a quien sólo conoces por correspondencia te pide que le hables brevemente de ti. ¿Qué le escribes?

____________ (1. Ser) estudiante. Todavía no ____________ (2. tener) veinte años. Cuando termine mis estudios ____________ (3. querer) ser dentista. Ahora, me ____________ (4. satisfacer) la vida simple que llevo. Por las mañanas ____________ (5. ir) a mis clases y por las tardes ____________ (6. hacer) mis tareas, ____________ (7. salir) con mis amigos o me ____________ (8. distraer) en casa escuchando música o leyendo. Un par de días por semana y los fines de semana ____________ (9. conducir) hasta un restaurante donde ____________ (10. tener) un empleo de tiempo parcial. ____________ (11. Estar) contento con la vida que llevo.

Vocabulario activo

L **Lógica.** En cada grupo de palabras, subraya aquella palabra o frase que no esté relacionada con el resto.

1. autor	encantador	dramaturgo	novelista	poeta
2. poeta	cuento	novela	ensayo	obra
3. comedia	drama	obra de teatro	escena	ensayo
4. terrible	dificilísimo	incomprensible	divertido	aburridísimo
5. divertido	dulce	incomprensible	excelente	fantástico

M **Escritores y sus obrass.** Indica con qué autor o escritor de la segunda columna se identifica cada tipo de obra de la primera columna.

____ **1.** comedia

____ **2.** cuento

____ **3.** drama

____ **4.** ensayo

____ **5.** novela

____ **6.** escena

____ **7.** obra de teatro

____ **8.** poesía

a. dramaturgo

b. novelista

c. poeta

d. escritor

Composición: *descripción*

N **Mi lectura favorita.** De las muchas novelas, cuentos, leyendas, poesías y hasta tiras cómicas que has leído, ¿cuál es tu favorita? ¿Qué tipo de lectura es? ¿Por qué te gusta más que todas las otras? En una hoja en blanco, escribe una breve composición describiendo esa lectura.

Nombre ______________________ Fecha ____________

Sección ______________

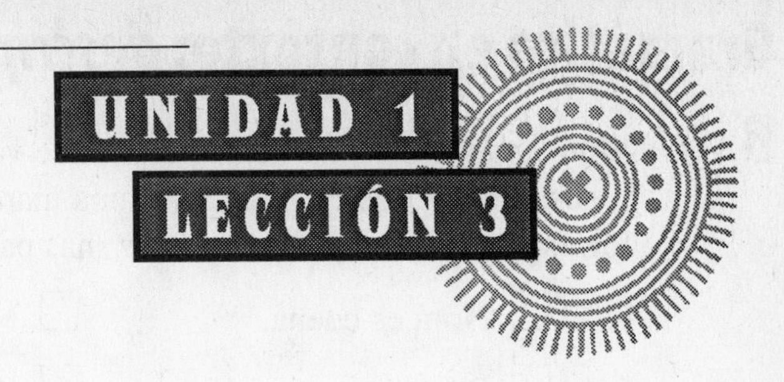

¡A escuchar!

Gente del Mundo 21

A **Actor cubanoamericano.** Ahora vas a tener la oportunidad de escuchar la conversación que tienen dos amigas cubanoamericanas después de ver una película de Andy García en un teatro de Miami. Escucha con atención lo que dicen y luego marca si cada oración que sigue es **cierta (C), falsa (F)** o si no tiene relación con lo que escuchaste **(N/R).**

C F N/R **1.** Las amigas fueron juntas al cine a ver la película *El Padrino, Parte III.*

C F N/R **2.** A una de las amigas no le gustó la actuación de Andy García.

C F N/R **3.** Ambas amigas están de acuerdo en que este actor es muy guapo.

C F N/R **4.** Las amigas se sorprenden de que el actor cobre un millón de dólares por actuar en una película.

C F N/R **5.** Una de las amigas comenta que Andy García ha hecho únicamente papeles de personajes hispanos.

C F N/R **6.** Una de las amigas dice que Andy García es más cubano que cualquiera y que su cultura es la base de su éxito.

Gramática en contexto: *descripción y comparación*

B

Niños. Vas a escuchar descripciones de varios niños. Basándote en la descripción que escuchas, haz una marca **(X)** antes de la oración correspondiente. Escucha una vez más para verificar tus respuestas.

1. ☐ Nora es buena. ☐ Nora está buena.
2. ☐ Pepe es interesado. ☐ Pepe está interesado.
3. ☐ Sarita es lista. ☐ Sarita está lista.
4. ☐ Carlitos es limpio. ☐ Carlitos está limpio.
5. ☐ Tere es aburrida. ☐ Tere está aburrida.

C

Qué fruta va a llevar? A Nicolás le han pedido que lleve la fruta para una pequeña fiesta en casa de unos amigos. Escucha mientras decide qué llevar y haz un círculo alrededor del dibujo que corresponda a la fruta que selecciona. Escucha una vez más para verificar tus respuestas.

1.

2.

3.

4.

Nombre _______________ Fecha _______________

Sección _______________

UNIDAD 1
LECCIÓN 3

5.

D

Mi familia. Al escuchar a Beatriz describir a su familia, haz un círculo alrededor del dibujo que corresponda a cada descripción. Escucha una vez más para verificar tus respuestas.

1.

2.

3.

4.

5.

E

Islas caribeñas. Vas a escuchar información en la que se compara Cuba con Puerto Rico. Para cada una de las comparaciones que aparecen a continuación, haz un círculo alrededor de **Sí,** si los datos que escuchas coinciden con la comparación escrita; haz un círculo alrededor de **No,** si no escuchas nada acerca de ese tema. Escucha una vez más para verificar tus respuestas.

Sí **No** **1.** Cuba es más grande que Puerto Rico.

Sí **No** **2.** Cuba tiene más playas que Puerto Rico.

Sí **No** **3.** El turismo genera más dinero en Puerto Rico que en Cuba.

Sí **No** **4.** Proporcionalmente, hay más carreteras pavimentadas en Puerto Rico que en Cuba.

Sí **No** **5.** Hay más influencia de las culturas africanas en Cuba que en Puerto Rico.

Sí **No** **6.** La Habana tiene menos habitantes que San Juan.

Sí **No** **7.** Proporcionalmente, las zonas urbanas de Cuba tienen tantos habitantes como las zonas urbanas de Puerto Rico.

Sí **No** **8.** Puerto Rico tiene menos habitantes que Cuba.

Acentuación y ortografía

F

Triptongos. Un triptongo es la combinación de tres vocales: una vocal fuerte **(a, e, o)** en medio de dos vocales débiles **(i, u)**. Los triptongos pueden ocurrir en varias combinaciones: **iau, uai, uau, uei, iai, iei,** etc. Los triptongos se pronuncian como una sola sílaba en las palabras donde ocurren. Escucha al narrador pronunciar las siguientes palabras con triptongos.

financ**iáis** g**uau** desaf**iáis** m**iau**

La **y** tiene valor de vocal y cuando aparece después de una vocal fuerte precedida por una débil forma un triptongo. Escucha a la narradora pronunciar las siguientes palabras con una **y** final.

b**uey** m**uy** Urug**uay** Parag**uay**

Ahora escucha a los narradores leer algunos verbos, en la segunda persona del plural **(vosotros)**, junto con algunos sustantivos. En ambos casos, las palabras presentan triptongo. Luego, escribe las letras que faltan en cada palabra.

1. d e s a f ________ s

2. c a r a g ________

3. d e n u n c ________ s

4. r e n u n c ________ s

5. a n u n c ________ s

6. b ________

7. i n i c ________ s

8. a v e r i g ________ s

Nombre ______________________ Fecha ______________

Sección ______________

UNIDAD 1

LECCIÓN 3

G **Separación en sílabas.** El triptongo siempre se pronuncia en una sola sílaba. Ahora, al escuchar a los narradores pronunciar las siguientes palabras con triptongo, escribe el número de sílabas de cada palabra.

1. ______ **3.** ______ **5.** ______ **7.** ______

2. ______ **4.** ______ **6.** ______ **8.** ______

H **Repaso.** Escucha al narrador pronunciar las siguientes palabras y ponles un acento escrito si lo necesitan.

1. filosofo **3.** diptongo **5.** examen **7.** faciles **9.** ortografico

2. diccionario **4.** numero **6.** carcel **8.** huesped **10.** periodico

I **Dictado.** Escucha el siguiente dictado e intenta escribir lo más que puedas. El dictado se repetirá una vez más para que revises tu párrafo.

Miami: una ciudad hispanohablante

____

____

____

____

____

____

____

____

____

____

____

____

____

____

¡A explorar!

Gramática en contexto: *hacer compras y comparaciones*

J **Viajeros.** Algunos amigos hispanos que tienes viajan por diferentes países. Usando este mapa, indica en qué país se encuentran en este momento.

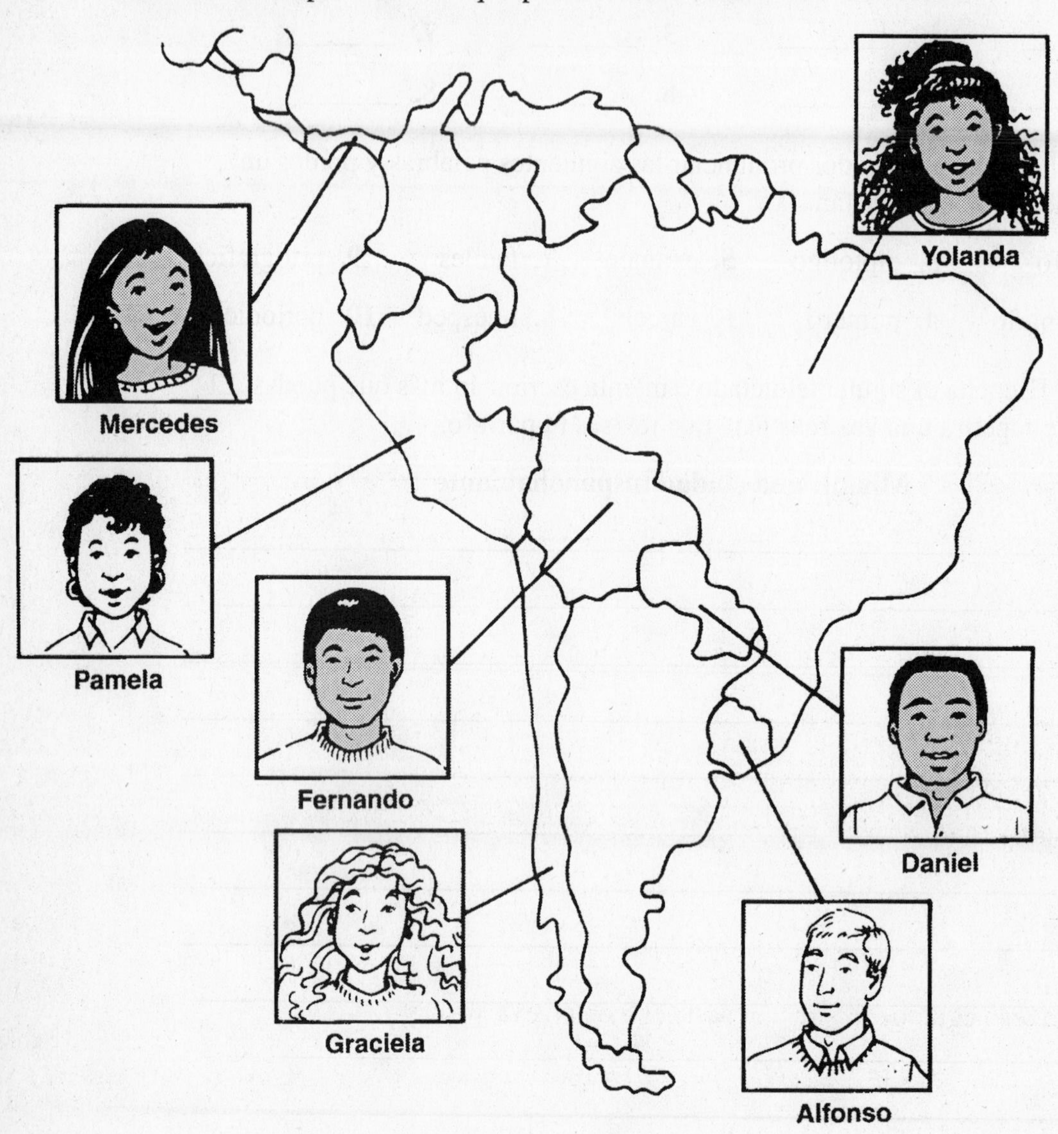

MODELO *Mercedes (venezolana)*
Mercedes es de Venezuela, pero ahora está en Panamá.

1. Alfonso (ecuatoriano)

____

____

Nombre ______________________ Fecha ____________

Sección ______________

UNIDAD 1

LECCIÓN 3

2. Pamela (argentina)

____

____

3. Graciela (panameña)

____

____

4. Fernando (paraguayo)

____

____

5. Daniel (colombiano)

____

____

6. Yolanda (mexicana)

____

____

K

Mujer de negocios. Completa la siguiente descripción de la madre de Pilar, usando la forma apropiada del **presente de indicativo** de los verbos **ser** o **estar.**

Mi mamá ________________ (1) una mujer de negocios que siempre ________________ (2) muy ocupada. ________________ (3) muy lista para los negocios. Tiene una pastelería en Nueva York, y hoy ________________ (4) lista para inaugurarla. ________________ (5) muy activa, siempre ________________ (6) haciendo cosas; de vez en cuando, noto que ________________ (7) un poco cansada. Ella dice que ________________ (8) una mujer feliz; con la vida que lleva nunca ________________ (9) aburrida.

L **¡De compras en Miami!** Estás de vacaciones en Miami y hoy debes seleccionar un regalo de cumpleaños para tu mejor amiga pero no sabes qué elegir. ¿Qué le preguntas a la dependienta?

MODELO

¿Compro esa pulsera o este collar? o
¿Compro este collar o esa pulsera?

Vocabulario útil

anillo	osito de peluche	gato de peluche	casete
pulsera	collar	libro de cocina	aretes
cachucha	libro de ejercicios	disco compacto	sombrero

1. ______________________________
____

2. ______________________________
____

3. ______________________________
____

Nombre ______________________ Fecha ______________

Sección ______________

UNIDAD 1

LECCIÓN 3

4. ____

____

5. ____

____

M **Ficha personal.** Basándote en la información que aparece a continuación, haz comparaciones entre tu hermana y tú.

	Mi hermana	Yo
Edad	22 años	17 años
Estatura	1,50 m	1,65 m
Peso	45 kilos	52 kilos
Trabajo	40 horas por semana	15 horas por semana
Vestidos	elegantes	informales
Ir al cine	dos veces por semana	dos veces por semana

MODELO *joven*
Soy más joven que mi hermana o
Mi hermana es menos joven que yo.

1. alto(a): ____
2. elegante: ____
3. trabajar: ____
4. pesar: ____
5. ir al cine: ____

N **Las dos islas.** Basándote en los datos que aparecen a continuación, compara Cuba con Puerto Rico.

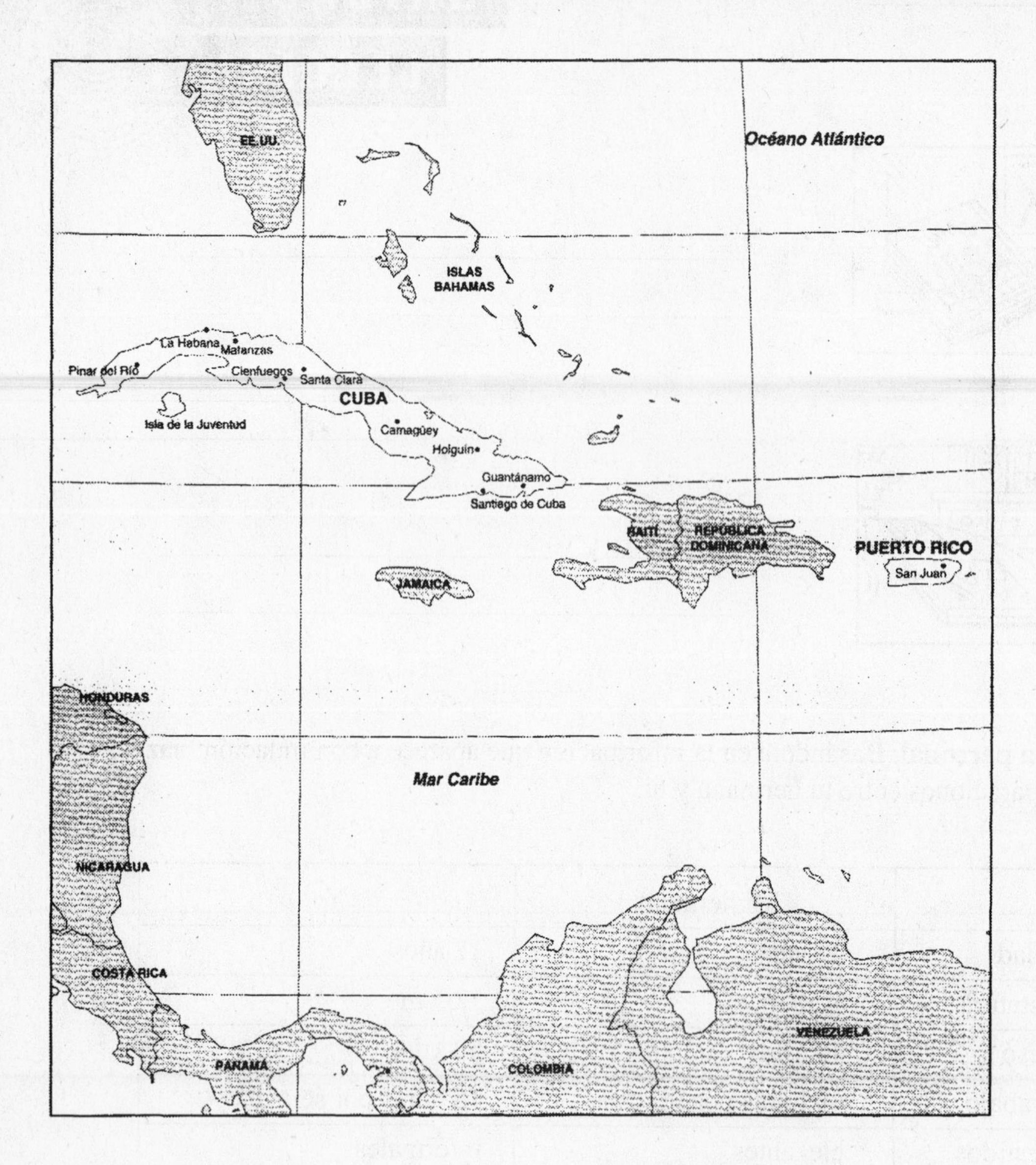

CUBA	PUERTO RICO
Población: 11.050.729 hab. (1998 est.)	**Población:** 3.857.070 hab. (1998 est.)
Tasa de crecimiento de la población: 1%	**Tasa de crecimiento de la población:** 1%
Extensión: 110.860 km^2	**Extensión:** 9.104 km^2
Población urbana: 76%	**Población urbana:** 67%
Capital: La Habana, 2.200.000 hab.	**Capital:** San Juan, 437.735 hab.
Ingreso por turismo: $250.000.000 (1990)	**Ingreso por turismo:** $1.370.000.000 (1990)
Carreteras pavimentadas: 15.484 km	**Carreteras pavimentadas:** 14.400 km

Nombre ______________________ Fecha ____________

Sección ______________

UNIDAD 1

LECCIÓN 3

MODELO *grande*
Cuba es más grande que Puerto Rico. Es casi diez veces más grande.

1. habitantes de la isla

____

____

2. habitantes de la capital

____

____

3. crecimiento de la población

____

____

4. ingresos por turismo

____

____

5. porcentaje de personas que viven en las ciudades

____

____

6. carreteras pavimentadas

____

____

Vocabulario activo

0

Sopa de letras. Encuentra los nombres de seis músicos y siete instrumentos en la sopa de letras. Luego, para encontrar la respuesta a la pregunta que sigue, pon en los espacios en blanco las letras que no tachaste, empezando de izquierda a derecha y de arriba hacia abajo.

Músicos y sus instrumentos

C	F	L	A	U	T	I	S	T	A	O	A
T	L	B	A	T	E	R	I	A	N	T	L
A	P	A	O	S	M	E	J	A	S	T	C
M	I	T	R	O	R	E	I	I	S	R	L
B	A	A	M	I	U	P	R	S	I	O	A
O	N	M	C	O	N	R	S	D	E	M	R
R	I	B	L	M	A	E	U	N	D	P	I
I	S	O	O	T	L	O	T	S	C	E	N
S	T	R	I	U	B	A	N	I	O	T	E
T	A	U	F	L	A	U	T	A	S	A	T
A	G	G	U	I	T	A	R	R	A	T	E
S	A	X	O	F	O	N	I	S	T	A	A

¿Qué se les ha llamado a los cubanos?

___ ___ ___   ___ ___ ___ ___ ___ ___ ___

___ ___ ___ ___ ___ ___ ___ ___   ___ ___ ___   ___ ___ ___ ___ ___ ___:

¡ ___ ___ ___   ___ ___ ___ ___ ___ ___ ___ ___ ___ s!

Nombre ______________________________ Fecha ________________

Sección ________________

UNIDAD 1
LECCIÓN 3

P **Definiciones.** Indica qué frase de la segunda columna describe correctamente cada palabra de la primera.

____	**1.** bailable	**a.**	persona que canta sola
____	**2.** concierto	**b.**	música de los vaqueros
____	**3.** fuerte	**c.**	música para bailar
____	**4.** solista	**d.**	música delicada y sin ruido
____	**5.** ópera	**e.**	agradable a los sentidos
____	**6.** poderoso	**f.**	cantante con voz muy baja
____	**7.** ranchera	**g.**	gala musical
____	**8.** sensual	**h.**	teatro musical
____	**9.** barítono	**i.**	vigoroso
____	**10.** suave	**j.**	con alto volumen

Composición: *descripción*

Q **Ayudante de productor.** Trabajas para el productor de un programa de entrevistas y comentarios muy popular en la televisión hispana de EE.UU. En un futuro programa va a hacer un reportaje sobre los cubanoamericanos. Tu tarea es identificar a la persona que van a entrevistar y preparar en una hoja en blanco preguntas apropiadas para esa persona. Debe haber suficientes preguntas para una entrevista de quince minutos. Es mejor que sobren preguntas antes de que falten. ¡Suerte en tu nueva carrera de ayudante de productor!

Nombre ______________________ Fecha ____________

Sección ______________

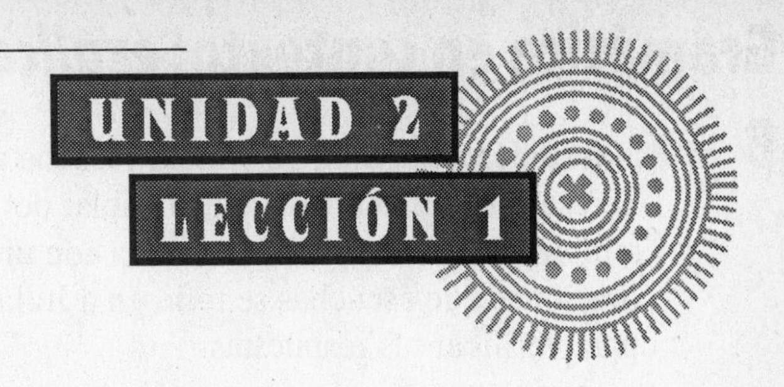

¡A escuchar!

Gente del Mundo 21

A **Los Reyes Católicos.** En uno de los salones de la Alhambra, el palacio musulmán en Granada, España, una guía explica a un grupo de estudiantes el importante papel que tuvieron los Reyes Católicos en la historia de España. Escucha con atención lo que dice y luego marca si cada oración que sigue es **cierta (C), falsa (F)** o si no tiene relación con lo que escuchaste **(N/R)**.

C F N/R **1.** Isabel de Castilla y Fernando de Aragón, conocidos como los Reyes Católicos, se casaron en 1492.

C F N/R **2.** Los Reyes Católicos terminaron la Reconquista de España al tomar Granada, el último reino visigodo de la Península Ibérica.

C F N/R **3.** Los Reyes Católicos lograron la unidad política y territorial de España.

C F N/R **4.** En el Palacio de la Alhambra, los Reyes Católicos recibieron a Cristóbal Colón, quien les explicó su plan de viajar hacia el Occidente.

C F N/R **5.** En 1492, los Reyes Católicos les permitieron a los judíos seguir practicando su religión en España.

Gramática en contexto: *explicar lo que pasó*

B

Narración confusa. Un policía escucha a Teresa, testigo de un accidente. Teresa está tan nerviosa que al hablar del accidente que tuvo su amigo Julián, también habla de sí misma. Indica con un círculo en la palabra apropiada, si las oraciones que escuchas se refieren a Julián o a Teresa. Escucha una vez más para verificar tus respuestas.

	Julián	*Teresa*
1.	cruzó	cruzo
2.	prestó	presto
3.	prestó	presto
4.	miró	miro
5.	miró	miro
6.	atropelló	atropello
7.	quedó	quedo
8.	quedó	quedo

C

El Cid. Indica si los datos que aparecen a continuación se mencionan **(Sí)** o no **(No)** en el siguiente texto acerca del Cid, héroe nacional español. Escucha una vez más para verificar tus respuestas.

Sí **No** **1.** El Cid nació en 1044.

Sí **No** **2.** El Cid murió en 1099.

Sí **No** **3.** El rey Alfonso X desterró al Cid.

Sí **No** **4.** Después del destierro, el Cid no reconoció más al rey Alfonso como su rey.

Sí **No** **5.** El Cid conquistó la ciudad de Valencia.

Sí **No** **6.** El Cid conquistó también la ciudad de Granada.

Sí **No** **7.** Los musulmanes gobernaron Valencia antes que el Cid.

D

Ayer. Escucha mientras Marisa le pregunta a su mamá sobre lo que ves en los dibujos. Coloca una **X** debajo del dibujo que coincida con la respuesta que escuchas. Escucha una vez más para verificar tus respuestas.

1.

A. ______

B. ______

C. ______

Nombre ______________________ Fecha ______________

Sección ______________

UNIDAD 2

LECCIÓN 1

2.

A. ______

B. ______

C. ______

3.

A. ______

B. ______

C. ______

4.

A. ______

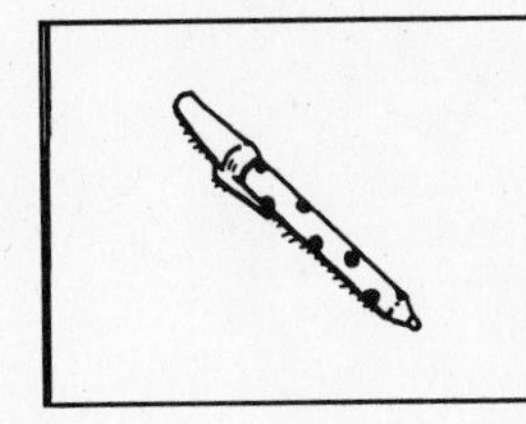

B. ______

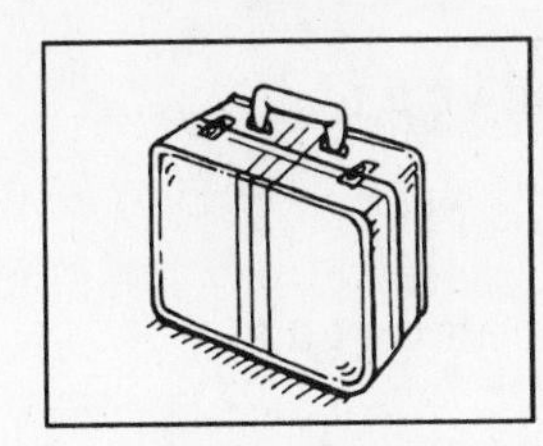

C. ______

5.

A. ______

B. ______

C. ______

6.

A. ______

B. ______

C. ______

7.

A. ______

B. ______

C. ______

Acentuación y ortografía

E

Repaso de acentuación. Al escuchar a la narradora pronunciar las siguientes palabras: 1) divídelas en sílabas, 2) subraya la sílaba que debiera llevar el golpe según las dos reglas de acentuación y 3) coloca el acento ortográfico donde se necesite.

MODELO *p o l i t i c a*
p o / l í / ti / c a

1. h e r o e
2. i n v a s i o n
3. R e c o n q u i s t a
4. a r a b e
5. j u d i o s
6. p r o t e s t a n t i s m o
7. e f i c a z
8. i n f l a c i o n
9. a b d i c a r
10. c r i s i s
11. s e f a r d i t a s
12. e p i c o
13. u n i d a d
14. p e n i n s u l a
15. p r o s p e r o
16. i m p e r i o
17. i s l a m i c o
18. h e r e n c i a
19. e x p u l s i o n
20. t o l e r a n c i a

F

Acento escrito. Ahora escucha a los narradores leer las siguientes oraciones y coloca el acento ortográfico sobre las palabras que lo requieran.

1. El sabado tendremos que ir al medico en la Clinica Lujan.
2. Mis examenes fueron faciles pero el examen de quimica de Monica fue muy dificil.
3. El joven de ojos azules es frances pero los otros jovenes son puertorriqueños.

Nombre ______________________ Fecha ______________

Sección ______________

UNIDAD 2

LECCIÓN 1

4. Los Lopez, los Garcia y los Valdez estan contentisimos porque se sacaron la loteria.

5. Su tia se sento en el jardin a descansar mientras el comia.

G

Dictado. Escucha el siguiente dictado e intenta escribir lo más que puedas. El dictado se repetirá una vez más para que revises tu párrafo.

La España musulmana

¡A explorar!

Gramática en contexto: *descripción*

H **Alfonso X el Sabio.** Completa los siguientes datos acerca de las contribuciones de este rey.

Alfonso X el Sabio ________________ (1. vivir) durante el siglo XIII. ________________ (2. Nacer) en 1221 y ________________ (3. fallecer) en 1284. ________________ (4. Gobernar) el reino de Castilla y de León por más de treinta años. ________________ (5. Subir) al trono en 1252 y su reinado ________________ (6. terminar) con su muerte en 1284. ________________ (7. Favorecer) el desarrollo de las leyes, las ciencias y las artes en su reino. ________________ (8. Reunir) en su palacio a especialistas cristianos, árabes y judíos que ________________ (9. realizar) obras de leyes, historia y astronomía. ________________ (10. Escribir) sobre la historia de España y la historia universal. ________________ (11. Ayudar) al desarrollo de la arquitectura, ya que durante su reinado se ________________ (12. edificar) la catedral de León.

I **Preguntas.** Contesta las siguientes preguntas acerca del romance *¡Granada, por don Fernando!*

MODELO *¿Entendiste la historia del romance?*
Sí, la entendí perfectamente. o
No, no la entendí muy bien.

1. ¿Leíste el romance sin ayuda del diccionario?

____

2. ¿Buscaste las palabras desconocidas en el diccionario?

____

3. ¿Contestaste las preguntas?

____

4. ¿Averiguaste el tema de otros romances?

____

5. ¿Alcanzaste a terminar el romance?

____

Nombre ______________________ Fecha ______________

Sección ______________

UNIDAD 2

LECCIÓN 1

6. ¿Le mostraste el romance a algún (alguna) compañero(a)?

____

7. ¿Incorporaste sus observaciones del romance en un resumen?

____

J

Reacciones de amigos. ¿Cómo reaccionaron algunos de tus amigos después de leer el romance *¡Granada, por don Fernando!*?

MODELO a *Marisela / fascinar / la historia*
A Marisela le fascinó la historia.

1. a Yolanda / encantar / la alusión al palacio / La Alhambra
2. a las hermanas Rivas / entristecer / la mala fortuna / rey moro
3. a Gabriel / sorpender un poco / el incidente / las alpargatas
4. a Enrique / molestar / el llanto / los caballeros árabes
5. a mí / gustar mucho / las palabras / la reina
6. a David / impresionar / el final
7. a todos nosotros / interesar / el romance

K

Encuentros. ¿Qué vieron tus padres durante su paseo por la universidad?

Vocabulario útil

ardilla	profesor	rector	biblioteca
jóvenes	edificio	física	perros
pasto	grupo	delante	árbol

MODELO

Vimos una ardilla en un árbol.

1. ____

2. ____

3. ____

4. ____

Nombre ______________________ Fecha ____________

Sección ______________

5. ____

Vocabulario activo

L **Palabras cruzadas.** Completa este juego de palabras con nombres de sitios de interés turístico.

Sitios de interés turístico

_ U _ _ O

M _ _ U _ _ N _ _

_ U I _ _ _

U N I V E R S I D A D

_ E _ _ _ O

O _ _ R _

_ G _ _ S _ _

B _ _ _ _ _ _ I O

P _ _ _ _   D _   _ _ R _ _

_ _ R _ _ E   _ _   A T _ _ _ _ _ _ _ _ S

C _ _ _ D _ _ L

M **Lógica.** En cada grupo de palabras, subraya aquélla que no esté relacionada con el resto.

1. a pie	gozar	correr	andar	caminar
2. barco	taxi	coche	autobús	tren
3. alojarse	quedarse	hospedarse	asistir a	reservar
4. disfrutar	relajarse	pasarlo bien	gozar	costar
5. parador	fonda	balneario	hostal	pensión

Composición: *descripción imaginaria*

N **Una carta de Cristóbal Colón.** En una hoja en blanco, escribe una breve carta imaginaria que Cristóbal Colón le dirige a la reina Isabel I de Castilla en 1495 para relatar su descubrimiento del Nuevo Mundo. Menciona lo que crees que más le impresionó del paisaje, los indígenas y las ciudades de éstos.

Nombre ______________________ Fecha ______________

Sección ______________

¡A escuchar!

Gente del Mundo 21

A **Diego de Velázquez.** Ahora vas a tener la oportunidad de escuchar a los comentaristas del programa de radio "España en la cultura". Escucha con atención lo que dicen y luego marca si cada oración que sigue es **cierta (C)**, **falsa (F)** o si no tiene relación con lo que escuchaste **(N/R).**

C F N/R **1.** El comentarista de este programa cultural de la radio española se encuentra en Sevilla al iniciarse el programa.

C F N/R **2.** La estatua de Diego de Velázquez que está afuera del Museo del Prado lo presenta montado a caballo y con una espada en la mano.

C F N/R **3.** Diego de Velázquez estuvo al servicio de la corona española desde 1623 hasta su muerte.

C F N/R **4.** Sus cuadros no reflejan la realidad española de su época sino que se limitan a la mitología del mundo clásico.

C F N/R **5.** Entre las obras maestras de Diego de Velázquez está una que se titula "Las hilanderas".

C F N/R **6.** En el cuadro "Las meninas" aparece el propio Diego de Velázquez pintando un cuadro de la pareja real española.

Gramática en contexto: *hablar de gustos y del pasado*

B

Robo en el banco. Escucha la siguiente información que dan en el noticiero de la televisión e indica si las oraciones son **ciertas (C)** o **falsas (F).** Escucha una vez más para verificar tus respuestas.

C **F** **1.** La policía recibió la llamada a las diez de la mañana.

C **F** **2.** Hubo un robo en el Banco Americano.

C **F** **3.** El ladrón fue un hombre de aproximadamente veinticinco años.

C **F** **4.** Robó más de siete mil dólares.

C **F** **5.** El ladrón salió del banco y huyó a pie.

C

Gustos en televisión. Escucha lo que dice Ángela acerca de los programas de la televisión e indica si los programas que figuran a continuación le agradan **(A)** o le desagradan **(D).** Escucha una vez más para verificar tus respuestas.

A **D** **1.** programas de ciencia

A **D** **2.** programas de vídeos musicales

A **D** **3.** programas de noticias

A **D** **4.** programas de deportes

A **D** **5.** telenovelas

A **D** **6.** programas cómicos

A **D** **7.** programas de detectives

D

Pérez Galdós. Escucha los siguientes datos acerca de la vida del novelista Benito Pérez Galdós. Luego indica qué opción mejor completa cada oración. Escucha una vez más para verificar tus respuestas.

Vocabulario útil

derecho: *ciencia legal*	novelada: *contada*
residir: *vivir*	a través de: *durante*
exponente: *ejemplo*	teatrales: *del teatro*

1. Benito Pérez Galdós es considerado...

a. un novelista más grande que Cervantes

b. un novelista tan grande como Cervantes

c. el novelista más grande desde Cervantes

Nombre ______________________ Fecha ____________

Sección ______________

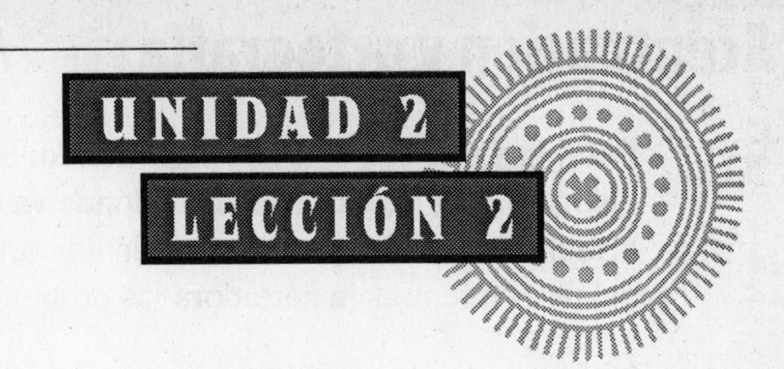

2. Nació en...

   a. Las Palmas

   b. Madrid

   c. el sur de España

3. Estudió...

   a. filosofía y letras

   b. sociología

   c. derecho

4. *Episodios nacionales* es una historia novelada en...

   a. seis volúmenes

   b. cuarenta volúmenes

   c. cuarenta y seis volúmenes

5. También escribió una gran cantidad de...

   a. obras de teatro

   b. cuentos de niños

   c. poesía

6. *Doña Perfecta* y *Fortunata y Jacinta* son dos de sus...

   a. novelas más conocidas

   b. obras teatrales más conocidas

   c. artículos periodísticos más conocidos

Acentuación y ortografía

E

Palabras que cambian de significado. Hay palabras parecidas que tienen distintos significados según: 1) dónde va el golpe y 2) si requieren acento ortográfico. Ahora presta atención a la ortografía y al cambio de golpe en estas palabras mientras la narradora las pronuncia.

ánimo	animo	animó
célebre	celebre	celebré
depósito	deposito	depositó
estímulo	estimulo	estimuló
hábito	habito	habitó
práctico	practico	practicó
título	titulo	tituló

Ahora escucha mientras el narrador lee estas palabras parecidas y escribe el acento donde sea necesario.

1.	critico	critico	critico
2.	dialogo	dialogo	dialogo
3.	domestico	domestico	domestico
4.	equivoco	equivoco	equivoco
5.	filosofo	filosofo	filosofo
6.	liquido	liquido	liquido
7.	numero	numero	numero
8.	pacifico	pacifico	pacifico
9.	publico	publico	publico
10.	transito	transito	transito

F

Acento escrito. Ahora escucha a la narradora leer estas oraciones y coloca el acento ortográfico sobre las palabras que lo requieran.

1. Hoy publico mi libro para que lo pueda leer el publico.
2. No es necesario que yo participe esta vez, participe el sabado pasado.
3. Cuando lo magnifico con el microscopio, pueden ver lo magnifico que es.
4. No entiendo como el calculo debe ayudarme cuando calculo.
5. Pues ahora yo critico todo lo que el critico critico.

Nombre ____________________ Fecha ____________

Sección ______________

G **Dictado.** Escucha el siguiente dictado e intenta escribir lo más que puedas. El dictado se repetirá una vez más para que revises tu párrafo.

Felipe II

¡A explorar!

Gramática en contexto: *hablar de gustos y del pasado*

H **Los gustos de la familia.** Di lo que le gusta hacer a cada uno de los miembros de tu familia.

MODELO

A mi abuela le encanta coser.

Vocabulario útil

encantar	**gustar**	**fascinar**
coser	dormir	armar rompecabezas
el biberón	correr	piano
comida china	programas deportivos	sofá

1. ______________________________
____

2. ______________________________
____

Nombre ______________________ Fecha ____________

Sección ____________

UNIDAD 2
LECCIÓN 2

3. ______________________________

____

4. ______________________________

____

5. ______________________________

____

6. ______________________________

____

I

Fue un día atípico. ¿Qué le dices a un amigo para explicarle que ayer tu hermana tuvo un día atípico?

MODELO *Generalmente se despierta temprano.*
Pero ayer se despertó muy tarde.

1. Siempre consigue un lugar para estacionar el coche cerca del trabajo.

____

____

2. Generalmente se siente bien.

____

____

3. Nunca se duerme en el trabajo.

____

____

4. Por lo general se concentra en su trabajo y no se distrae.

____

____

5. Siempre tiene tiempo para almorzar.

____

____

6. Normalmente resuelve rápidamente los problemas de la oficina.

____

____

7. Generalmente vuelve a casa tarde.

____

____

Nombre ______________________ Fecha ____________

Sección ______________

Vocabulario activo

J **Crucigrama.** Completa este crucigrama a base de las claves verticales y horizontales.

El arte y los artistas

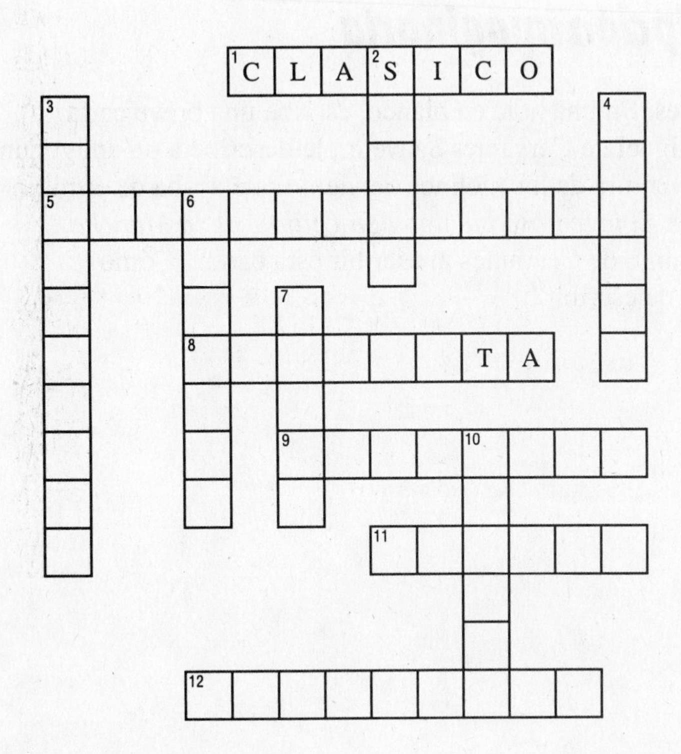

Claves horizontales

1. arte antiguo de los griegos y romanos
5. arte que representa una impresión de la realidad
8. arte que representa las cosas tales como son
9. artista que se dedica a la escultura
11. arte de pintar una pared recientemente preparada
12. arte que representa escenas de la Biblia o actos de la iglesia

Claves verticales

2. galería donde se exponen obras de arte
3. colores llamativos como un diamante
4. una pintura
6. arte que representa la figura de una persona o un animal
7. hoja seca fabricada que sirve para escribir, imprimir y pintar
10. tela o material sobre el cual se pinta con óleo

K **Lógica.** En cada grupo de palabras, subraya aquella palabra o frase que no esté relacionada con las otras.

1. artista	pintor	escultor	rotulador	dibujante
2. acuarelas	tinta china	barroco	tiza	tubos de óleo
3. llamativo	sombrío	opaco	borroso	nebuloso
4. exhibición	salón	presentación	exposición	cartón
5. pintura	panorama	gótico	retrato	paisaje

Composición: *descripción imaginaria*

L **Una carta de Cervantes.** En una hoja en blanco, escribe una breve carta imaginaria en la que Miguel de Cervantes Saavedra le describe a un amigo, un escritor de Toledo, la aventura de los molinos de viento que acaba de escribir como parte de su novela *El ingenioso hidalgo don Quijote de la Mancha.* Imagina el estado de ánimo de Cervantes al escribir esta carta. ¿Cómo explicaría lo que acaba de escribir?

Nombre ______________________ Fecha ______________

Sección ______________

¡A escuchar!

Gente del Mundo 21

A **Antes de entrar al cine.** Escucha con atención lo que discute una joven pareja de novios antes de entrar a un cine de Sevilla para ver *Tacones lejanos,* una película de Pedro Almodóvar. Luego marca si cada oración que sigue es **cierta (C), falsa (F)** o si no tiene relación con lo que escuchaste **(N/R)**.

C F N/R **1.** La pareja de novios decide finalmente alquilar una película de Pedro Almodóvar en una tienda de vídeos.

C F N/R **2.** Los novios discuten también la serie de televisión que Almodóvar hará para la televisión española.

C F N/R **3.** *Mujeres al borde de un ataque de nervios* ganó el premio "Óscar" otorgado a la mejor película en lengua extranjera en 1988.

C F N/R **4.** Al novio no le gustan las películas de Pedro Almodóvar.

C F N/R **5.** En vez de ir al cine, el novio prefiere alquilar los vídeos de las películas para verlas en casa.

C F N/R **6.** A la novia le gustan mucho las películas de Almodóvar.

Gramática en contexto: *hablar de lo que pasó y expresar opiniones impersonales*

B **Domingos del pasado.** Escucha lo que dice Nora acerca de cómo pasaba los domingos cuando era pequeña y luego indica si las oraciones que siguen son **ciertas (C)** o **falsas (F).** Escucha una vez más para verificar tus respuestas.

> *Vocabulario útil*
>
> misa: *servicio religioso*
> interminable: *sin fin*
> lento: *despacio*

C F **1.** Antes de la misa, paseaban por la plaza.

C F **2.** Casi siempre un pariente almorzaba con la familia.

C F **3.** Los almuerzos no duraban mucho tiempo.

C F **4.** Después del almuerzo, a veces iban a ver una película.

C F **5.** El domingo era un día lleno de aburrimiento.

C **Robo.** Escucha el siguiente diálogo y luego completa las oraciones que siguen. Escucha una vez más para verificar tus respuestas.

> *Vocabulario útil*
>
> pasear: *caminar*
> chocar: *pegar violentamente*
> gritar: *llamar en voz alta*
> cartera: *bolso*
> apresar: *capturar*
> gozar: *disfrutar*
> marido: *esposo*
> darse cuenta: *descubrir*
> ladrón: *persona que roba*
> echar a perder: *arruinar*

1. Ramiro caminaba...

a. por el centro de la ciudad

b. por el campo

c. por el parque

2. Una señora se cayó al suelo porque...

a. un muchacho chocó contra ella

b. chocó contra un árbol

c. tropezó con Ramiro, accidentalmente

Nombre ____________________ Fecha ______________

Sección ______________

3. La señora gritaba porque...

a. conocía al muchacho

b. sentía mucho dolor

c. le habían robado la cartera

4. La policía...

a. no llegó nunca

b. llegó pero no detuvo al ladrón

c. interrogó al esposo y a Ramiro

5. Ramiro piensa que el paseo...

a. fue una mala idea

b. fue agradable a pesar de todo

c. fue una experiencia tranquilizadora

D

¿Sueño o realidad? Escucha la siguiente narración y luego indica si las oraciones que aparecen a continuación son **ciertas (C)** o **falsas (F).** Escucha una vez más para verificar tus respuestas.

C **F** **1.** La escena ocurre por la noche.

C **F** **2.** La persona que cuenta la historia escucha que alguien golpea la puerta.

C **F** **3.** Puede ver a unos desconocidos que entran en el cuarto del lado.

C **F** **4.** Más tarde escucha unos disparos de revólver.

C **F** **5.** No escucha más ruidos.

C **F** **6.** El narrador está seguro de que ha tenido un mal sueño.

C **F** **7.** La recepcionista del hotel le explica exactamente qué pasó.

Acentuación y ortografía

E

Palabras parecidas. Hay palabras que se pronuncian igual y, con la excepción del acento ortográfico, se escriben igual, pero tienen diferente significado y función en la oración. Estudia esta lista de palabras parecidas mientras la narradora las pronuncia.

aun	*even*	aún	*still, yet*
de	*of*	dé	*give*
el	*the*	él	*he*
mas	*but*	más	*more*
mi	*my*	mí	*me*
se	*himself, herself, etc.*	sé	*I know; be*
si	*if*	sí	*yes*
solo	*alone*	sólo	*only*
te	*you*	té	*tea*
tu	*your*	tú	*you*

Ahora mientras el narrador pronuncia cada palabra, escríbela de dos maneras distintas, al lado de la función gramatical apropiada.

MODELO Escuchas: *tu*
Escribes: __**tú**__ pronombre sujeto __**tu**__ adjetivo posesivo

1. ______ artículo definido: *the* ______ pronombre sujeto: *he*
2. ______ pronombre personal: *me* ______ adjetivo posesivo: *my*
3. ______ preposición: *of* ______ forma verbal: *give*
4. ______ pronombre reflexivo: *himself, herself, itself, themselves* ______ forma verbal: *I know; be*
5. ______ conjunción: *but* ______ adverbio de cantidad: *more*
6. ______ sustantivo: *tea* ______ pronombre personal: *you*
7. ______ conjunción: *if* ______ adverbio afirmativo: *yes*
8. ______ adjetivo: *even* ______ adverbio de tiempo: *still, yet*
9. ______ adverbio de modo: *only* ______ adjetivo: *alone*

F

¿Cuál corresponde? Escucha a la narradora leer las siguientes oraciones y complétalas con las palabras apropiadas.

1. Éste es ________ material que traje para ________.
2. ¿________ compraste un regalo para ________ prima?
3. ________ amigo trajo este libro para ________.

Nombre ______________________ Fecha ____________

Sección ______________

UNIDAD 2

LECCIÓN 3

4. Quiere que le ________ café ________ México.

5. No ________ si él ________ puede quedar a comer.

6. ________ llama, dile que ________ lo acompañamos.

G **Dictado.** Escucha el siguiente dictado e intenta escribir lo más que puedas. El dictado se repetirá una vez más para que revises tu párrafo.

Federico García Lorca

¡A explorar!

Gramática en contexto: *contradecir y describir lo que hacías, lo que hiciste y el tiempo*

H **Exageraciones paternas.** ¿Cómo era la vida del padre de tu mejor amigo cuando asistía a la escuela primaria? Para saberlo, completa este párrafo con el **imperfecto** de los verbos indicados entre paréntesis.

Cuando yo ____________________ (1. ser) pequeño, ____________________ (2. vivir / nosotros) en una granja en las afueras del pueblo. Yo ____________________ (3. levantarse) todos los días a las cinco y media de la mañana, ____________________ (4. alimentar) a las gallinas que ____________________ (5. tener / nosotros), ____________________ (6. arreglarse), ____________________ (7. tomar) el desayuno y ____________________ (8. salir) hacia la escuela. La escuela no ____________________ (9. estar) cerca de la casa y en ese entonces no ____________________ (10. haber) autobuses; yo ____________________ (11. deber) caminar para llegar a la escuela. En los días de invierno, ____________________ (12. ser) más difícil todavía, porque ____________________ (13. hacer) un frío enorme. ¡Ah! y cuando ____________________ (14. nevar) ____________________ (15. necesitar / yo) un tiempo enorme para llegar a la escuela. Hoy en día, todo es demasiado fácil. Ustedes son una generación de niños mimados.

Nombre ______________________ Fecha ______________

Sección ______________

UNIDAD 2
LECCIÓN 3

I **Actividades de verano.** Di lo que hacían las siguientes personas el domingo pasado por la tarde.

MODELO

Pedrito

Pedrito pescaba.

Vocabulario útil

tomar sol
acampar en las montañas
andar a caballo
montar en bicicleta
nadar en la piscina
levantar pesas
practicar esquí acuático
ir de compras
dar un paseo
escalar montañas
bañar al perro

Lola y Arturo

1. ______________________

Los hijos de Benito

2. ______________________

Marcela y unos amigos

3. ______________________

Carlitos

4. ______________________

Gloria

5. ______________________

Yo

6. ______________________

J **Discrepancias.** Tú eres una persona positiva pero tu compañero(a) es muy negativo(a) y siempre te contradice. ¿Cómo reacciona a tus comentarios sobre la cultura española?

MODELO *Siempre me ha interesado viajar.*
Nunca me ha interesado viajar.

Vocabulario útil

algo	nada	ni /ni... ni	o
alguien	nadie	siempre	nunca
alguno	ninguno	también	tampoco

1. Me gustaría visitar Toledo o Granada.

____

____

2. Me gustaría visitar Salamanca también.

____

____

3. Quiero aprender algo acerca del cine español.

____

____

4. Siempre me ha interesado el cine español.

____

____

5. He leído algunos artículos interesantes acerca de Pedro Almodóvar.

____

____

Nombre ______________________ Fecha ____________

Sección ______________

UNIDAD 2

LECCIÓN 3

K **¿Qué le pasará?** Completa el siguiente texto con expresiones negativas para describir un cambio evidente en la conducta de un(a) amigo(a).

MODELO *Antes iba al cine a menudo; ahora no va ____________ al cine.*
Antes iba al cine a menudo; ahora no va nunca al cine.

Vocabulario útil

nada	nadie	ninguno	nunca
jamás	ni	ni... ni	tampoco

1. Antes salía con amigos; ahora no sale con ____________.
2. Antes estudiaba todos los días; ahora no estudia casi ____________.
3. Antes venía a verme a mi casa o me llamaba por teléfono; ahora ____________ viene a verme ____________ me llama por teléfono.
4. Antes practicaba varios deportes; ahora no practica ____________ deporte.

Vocabulario activo

L **Identificaciones.** Identifica a las personas que se describen aquí.

1. El esposo de tu hermana es tu ____________________.
2. Tú eres el (la) ____________________ de tus abuelos.
3. Tus hermanas son las ____________________ de tu tío.
4. Los padres de tus abuelos son tus ____________________.
5. Dos hermanos idénticos son ____________________.
6. Los padres de tus primos son tus ____________________.
7. Tu mamá es la ____________________ de tus abuelos paternos.
8. Los amigos de tus padres que te acompañaron en tu bautismo son tu ____________________ y tu ____________________.
9. Tus abuelos maternos son los ____________________ de tu padre.
10. La hija del esposo de tu madre es tu ____________________.
11. Tu padre es el ____________________ de tus abuelos maternos.
12. La nueva esposa de tu padre es tu ____________________.

M **Lógica.** Indica qué expresión de la segunda columna es apropiada para cada situación en la primera columna.

____	**1.** bautismo	**a.**	¡Que sean muy felices!
____	**2.** graduación	**b.**	Lo acompaño en su pesar.
____	**3.** boda	**c.**	¡Fantástico!
____	**4.** aniversario	**d.**	¡Felicidades!
____	**5.** funeral	**e.**	¡Feliz cumpleaños!
		f.	¡Qué alegría!
		g.	¡Te deseo lo mejor!

Composición: *interpretar un poema*

N **El crimen de Granada.** En una hoja en blanco, escribe tu propia interpretación sobre el poema “El crimen fue en Granada”, escrito por Antonio Machado al saber de la muerte inesperada de su amigo Federico García Lorca. (Este poema aparece en la página 83 de tu libro de texto). Al comentar este poema, cita versos específicos. Recuerda que al citar los versos de un poema en un párrafo se usan líneas oblicuas (/) para indicar dónde termina cada verso. Así, al citar los primeros tres versos del poema, se escribe: “Se le vio, caminando entre fusiles / por una calle larga / salir al campo frío.

Nombre ______________________ Fecha ______________

Sección ______________

¡A escuchar!

Gente del Mundo 21

A **Elena Poniatowska.** Una pareja de jóvenes estudiantes mexicanos de la Universidad Nacional Autónoma de México (U.N.A.M.) asiste a un acto en conmemoración de la masacre de Tlatelolco. Escucha con atención lo que dicen y luego marca si cada oración que sigue es **cierta (C), falsa (F)** o si no tiene relación con lo que escuchaste **(N/R).**

C F N/R **1.** Lo que más les impresionó del acto a Manuel y a Angélica fue la lectura que hizo Elena Poniatowska de su libro *La noche de Tlatelolco.*

C F N/R **2.** Elena Poniatowska es una escritora francesa que nació en Polonia y que visita frecuentemente México.

C F N/R **3.** Se han vendido más de 100.000 ejemplares de su libro *La noche de Tlatelolco.*

C F N/R **4.** La masacre de Tlatelolco ocurrió el 2 de octubre de 1968, unos días antes de los Juegos Panamericanos en México.

C F N/R **5.** Aunque no se sabe realmente cuántas personas murieron aquella noche, muchos testigos calculan que fueron más de trescientas, la mayoría estudiantes.

Gramática en contexto: *narración*

B **Hernán Cortés.** Escucha la siguiente narración acerca de Hernán Cortés y luego contesta las preguntas que figuran a continuación. Escucha una vez más para verificar tus respuestas.

1. Hernán Cortés llegó a México en 1519, en el mes de...

a. junio

b. abril

c. agosto

2. Cuando llegó a México, Cortés tenía...

a. veinticuatro años de edad

b. cuarenta y cuatro años de edad

c. treinta y cuatro años de edad

3. Cortés llevaba...

a. cañones

b. vacas

c. cinco mil soldados

4. Cortés llegó a Tenochtitlán por primera vez en...

a. 1519

b. 1520

c. 1521

5. Tenochtitlán cayó en poder de Cortés a fines de...

a. noviembre de 1521

b. junio de 1521

c. agosto de 1521

Nombre ______________________ Fecha ______________

Sección ______________

UNIDAD 3

LECCIÓN 1

C

Frida Kahlo. En el Museo de Frida KahIo, en Coyoacán, un área de la Ciudad de México, una guía le explica a un grupo de turistas la vida de la pintora Frida Kahlo. Escucha con cuidado lo que dice y luego marca si cada oración que sigue es **cierta (C)** o **falsa (F).**

C F 1. Frida Kahlo nació en 1910.

C F 2. Nació en Teotihuacán.

C F 3. A los dieciocho años sufrió un serio accidente.

C F 4. Se casó con Diego Rivera.

C F 5. El matrimonio fue muy feliz.

C F 6. Su casa es actualmente un museo.

D

Inés y su hermana. Escucha las comparaciones que hace Inés entre los gustos de su hermana y sus propios gustos. Indica con una **X** quién hace las actividades que aparecen a continuación. Escucha una vez más para verificar tus respuestas.

Inés	*Su hermana*	
☐	☐	**1.** andar a caballo
☐	☐	**2.** caminar
☐	☐	**3.** escuchar música
☐	☐	**4.** leer
☐	☐	**5.** ver películas de amor
☐	☐	**6.** ver películas de ciencia ficción

Acentuación y ortografía

E **Adjetivos y pronombres demostrativos.** Los adjetivos demostrativos nunca llevan acento escrito. En cambio, los pronombres demostrativos siempre lo llevan, excepto **eso** y **esto** por ser neutros (no requieren sustantivo). Escucha y estudia estos ejemplos mientras el narrador los lee.

Adjetivos demostrativos	**Pronombres demostrativos**
Estos libros son míos.	**Éstos** son los tuyos.
Esa falda es hermosa.	**¿Ésa?** ¡No me gusta!
Ese puesto es el mejor.	Sí, pero **éste** paga más.
Aquellos muchachos hablan inglés.	Sí, pues **aquéllos** de allá, no.
	¡**Eso** es imposible!
	Esto es muy importante.

Ahora, escucha al narrador leer las siguientes oraciones y escribe los **adjetivos** o **pronombres demostrativos** que escuchas. Recuerda que sólo los pronombres llevan acento escrito.

1. ________________ disco de Luis Miguel es mío y ________________ es tuyo.

2. ________________ pintura de Frida refleja más dolor y sufrimiento que ________________.

3. ________________ periódico se edita en México; ________________ se edita en Nueva York.

4. Compramos ________________ libros en el Museo del Templo Mayor y ________________ en el Museo Nacional de Antropología.

5. No conozco ________________ murales de Diego Rivera; yo sé que ________________ está en el Palacio Nacional.

F **Palabras interrogativas, exclamativas y relativas.** Todas las palabras interrogativas y exclamativas llevan acento escrito para distinguirlas de palabras parecidas que se pronuncian igual pero que no tienen significado ni interrogativo ni exclamativo. Escucha y estudia cómo se escriben las palabras interrogativas, exclamativas y relativas mientras los narradores leen las siguientes oraciones. Observa que las oraciones interrogativas empiezan con signos de interrogación inversos y las oraciones exclamativas con signos de exclamación inversos.

1. ¿**Qué** libro?
El libro **que** te presté.
¡Ah! ¡**Qué** libro!

Nombre ______________________ Fecha ______________

Sección ______________

2. ¿Contra **quién** lucha Marcos hoy?
   Contra el luchador a **quien** te presenté.
   ¡Increíble, contra **quién** lucha!

3. ¿**Cuánto** dinero ahorraste?
   Ahorré **cuanto** pude.
   ¡**Cuánto** has de sufrir, hombre!

4. ¿**Cómo** lo hiciste?
   Lo hice **como** quise.
   ¡**Cómo** me voy a acordar de eso!

5. ¿**Cuándo** vino?
   Vino **cuando** terminó de trabajar.
   Sí, ¡y mira **cuándo** llegó!

Ahora escucha a los narradores leer las oraciones que siguen y decide si son **interrogativas, exclamativas** o si simplemente usan una palabra **relativa.** Pon los acentos escritos y la puntuación apropiada (signos de interrogación, signos de exclamación y puntos) donde sea necesario.

1. Quien llamó
   Quien El muchacho a quien conocí en la fiesta

2. Adonde vas
   Voy adonde fui ayer

3. Cuanto peso Ya no voy a comer nada
   Que exagerada eres, hija Come cuanto quieras

4. Quien sabe donde viven
   Viven donde vive Raúl

5. Que partido más interesante
   Cuando vienes conmigo otra vez

6. Lo pinté como me dijiste
   Como es posible

7. Trajiste el libro que te pedí
   Que libro El que estaba en la mesa

8. Cuando era niño, nunca hacía eso
   Lo que yo quiero saber es, cuando aprendió

G **Dictado.** Escucha el siguiente dictado e intenta escribir lo más que puedas. El dictado se repetirá una vez más para que revises tu párrafo.

México: tierra de contrastes

Nombre ______________________ Fecha ____________

Sección ______________

UNIDAD 3

LECCIÓN 1

¡A explorar!

Gramática en contexto: *narrar y solicitar preferencias*

H **Los aztecas.** Completa la siguiente información acerca de los aztecas con la forma apropiada del **pretérito** o del **imperfecto** de los verbos indicados entre paréntesis.

Los aztecas ______________________ (1. ser) una pequeña tribu de agricultores y cazadores que, gracias a su habilidad y espíritu guerrero, ______________________ (2. llegar) a ser los amos de un vasto territorio. En menos de doscientos años, ______________________ (3. dominar) un territorio que ______________________ (4. extenderse) de costa a costa del país que hoy llamamos México. En el año 1325 ______________________ (5. fundar) la ciudad de Tenochtitlán, capital del imperio, que ______________________ (6. tener) una notable cantidad de joyas arquitectónicas y artísticas. En 1519, Hernán Cortés ______________________ (7. comenzar) su campaña contra los aztecas con la ayuda de las tribus dominadas por éstos. Después de dos años de lucha, los aztecas ______________________ (8. ser) derrotados por los españoles.

I **Fuimos al cine.** ¿Qué hicieron tú y tus amigos ayer? Para saberlo, completa la siguiente narración con la forma apropiada del **pretérito** o del **imperfecto** de los verbos indicados entre paréntesis.

Ayer ______________________ (1. estar / nosotros) un poco aburridos y ______________________ (2. decidir) ir al cine. En el Cine Imperio ______________________ (3. estar) exhibiendo "Como agua para chocolate", basada en la novela de Laura Esquivel y ______________________ (4. ir) a ver esa película. A mí me ______________________ (5. gustar) mucho la actuación de Lumi Cavazos, quien ______________________ (6. hacer) el papel de Tita, la que ______________________ (7. preparar) platos deliciosos, y de Marco Leonardi, quien ____________________ (8. interpretar) a Pedro, su enamorado. El director Alfonso Arau, pienso yo, ____________________ (9. respetar) el espíritu de la novela de Laura Esquivel y nos ____________________ (10. entregar) una película excelente y bastante divertida. Después, todos nosotros ____________________ (11. ir) a un café para hablar de la película. Cada uno ____________________ (12. decir) qué parte de la película le ____________________ (13. gustar) más.

J **Mi familia.** Completa el siguiente párrafo con los **adjetivos posesivos** apropiados para que Elena nos cuente cómo es su familia.

__________ (1) nombre es Elena y el de __________ (2) hermana es Magaly. Vivimos con __________ (3) padres. __________ (4) hermanos son mayores y ya no viven en casa. __________ (5) hermano Jorge Miguel es casado y __________ (6) hijita todavía está en la escuela primaria. Ella tiene un perrito. __________ (7) perrito, totalmente blanco, es muy juguetón.

K **Preferencias.** Usando **pronombres posesivos,** escribe la pregunta que debes hacerle a tu amigo(a) para saber sus preferencias.

MODELO *Mi autor favorito es Carlos Fuentes.*
¿Y el tuyo?

1. Mi escritora favorita es Elena Poniatowska.

____

2. Mis pintoras favoritas son Frida Kahlo y María Izquierdo.

____

3. Mis pintores favoritos son Diego Rivera y David Alfaro Siqueiros.

____

4. Mi cantante favorito es Luis Miguel.

____

5. Mi cantante favorita es Lucero.

____

Nombre ______________________________ Fecha ________________

Sección ________________

UNIDAD 3

LECCIÓN 1

Vocabulario activo

L **Sopa de letras.** Encuentra los nombres de veinte verduras en la sopa de letras a continuación y táchalas. Luego, para encontrar la respuesta a la pregunta que sigue, pon en los espacios en blanco las letras que no tachaste, empezando de izquierda a derecha y de arriba hacia abajo.

Comida vegetariana

O	I	N	E	E	S	P	I	N	A	C	A	S	O
L	E	C	O	C	H	A	Y	O	T	E	E	N	E
R	Z	B	H	P	E	G	A	T	E	T	I	C	S
B	A	L	O	A	A	O	E	S	O	P	S	A	P
E	N	E	U	L	M	L	N	L	E	A	A	L	A
R	A	C	P	A	L	P	E	P	T	R	T	A	R
E	H	H	E	D	E	A	I	I	L	A	C	B	R
N	O	U	U	L	T	I	C	N	A	U	R	A	A
J	R	G	A	D	L	A	I	R	O	J	A	Z	G
E	I	A	O	O	B	R	I	A	A	N	O	A	O
N	A	I	C	A	Y	N	O	U	N	B	E	J	S
A	P	O	L	E	P	A	Z	O	T	E	A	S	U
A	R	A	P	I	M	I	E	N	T	O	S	N	E
B	C	G	O	A	L	C	A	C	H	O	F	A	O

¿Qué es el regateo?

___ ___ ___ ___ ___ ___ ___ ___ ___ ___ ___ ___ ___ ___ ___ ___

___ ___

___ ___ ___ ___ ___ ___ ___ ___ ___ ___ ___ ___ ___ ___

___ ___ ___ ___ ___ ___!

M **Sinónimos.** Indica qué palabra de la segunda columna es el sinónimo de cada palabra de la primera columna.

____ **1.** ejote	**a.** choclo
____ **2.** betabel	**b.** porotos
____ **3.** chile	**c.** guisantes
____ **4.** maíz	**d.** remolacha
____ **5.** cacahuate	**e.** batata
____ **6.** chícharos	**f.** habichuelas
____ **7.** papa	**g.** palta
____ **8.** frijoles	**h.** maní
____ **9.** camote	**i.** patata
____ **10.** aguacate	**j.** ají

Composición: *descripción de semejanzas*

N **Tu nombre en náhuatl.** En el mundo azteca, antes de la llegada de los españoles, era una práctica común que los nombres de las personas incluyeran el nombre de uno de los veinte *tonalli* o espíritus solares que simbolizaban los veinte días del calendario azteca. Escoje el *tonalli* con el que mejor te identifiques y en una hoja en blanco escribe las cualidades que consideres propias de ese símbolo. ¿Qué semejanzas encuentras entre el símbolo que elegiste y tu personalidad?

Los Veinte Tonalli

cipactli: cocodrilo	*océlotl:* jaguar
ehécatl: viento	*cuauhtli:* águila
calli: casa	*cozcazcuauhtli:* zopilote
cuetzpalin: lagartija	*ollin:* movimiento
cóatl: serpiente	*ozomatli:* mono
máztl: venado	*malinalli:* hierba
miquiztli: muerte	*técpatl:* pedernal
tochtli: conejo	*ácatl:* caña
atl: agua	*quiáhuitl:* lluvia
itzcuintli: perro	*xóchitl:* flor

Nombre ______________________ Fecha ______________________

Sección ______________________

UNIDAD 3

LECCIÓN 2

¡A escuchar!

Gente del Mundo 21

A

Miguel Ángel Asturias. Un estudiante habla con una profesora de literatura latinoamericana para que le recomiende a un escritor guatemalteco del siglo XX. Escucha con atención lo que dicen y luego indica si cada oración que sigue es **cierta (C), falsa (F)** o si no tiene relación con lo que escuchaste **(N/R).**

C F N/R **1.** La profesora recomienda que el estudiante lea *Cien años de soledad,* de Gabriel García Márquez.

C F N/R **2.** Miguel Ángel Asturias ganó el Premio Nóbel de Literatura en 1967.

C F N/R **3.** Asturias nunca demostró interés por los ritos y creencias indígenas de su país.

C F N/R **4.** Su novela *Hombre de maíz* hace referencia al mito mesoamericano que dice que los hombres fueron hechos de maíz.

C F N/R **5.** Como muchos escritores latinoamericanos, vivió en el barrio latino de París.

C F N/R **6.** Entre 1966 y 1970 fue embajador de Guatemala en Francia.

Gramática en contexto: *narración descriptiva y expresión de opiniones impersonales*

B

Los mayas. Escucha el siguiente texto acerca de la civilización maya y luego indica si la información que figura a continuación aparece en el texto **(Sí)** o no **(No).** Escucha una vez más para verificar tus respuestas.

Sí **No** **1.** Hasta hace poco, todos creían que los mayas constituían un pueblo tranquilo.

Sí **No** **2.** Los mayas se dedicaban a la agricultura.

Sí **No** **3.** Ahora se sabe que los mayas practicaban sacrificios humanos.

Sí **No** **4.** Las ciudades mayas tenían pirámides fabulosas.

Sí **No** **5.** Se han encontrado nuevos datos con respecto a los mayas en libros sagrados.

Sí **No** **6.** En la actualidad se han descubierto nuevas ciudades mayas.

Sí **No** **7.** Hasta ahora no se ha podido descifrar la escritura jeroglífica de los mayas.

C

Opiniones impersonales. Escucha lo que dice un hombre de noventa años cuando le preguntan qué debe hacer uno para vivir mucho tiempo. Indica si las frases impersonales que aparecen a continuación fueron mencionadas **(Sí)** o no **(No)** por el anciano. Escucha una vez más para verificar tus respuestas.

Sí **No** **1.** No comer mucha carne.

Sí **No** **2.** Comer frutas y verduras.

Sí **No** **3.** Hacer ejercicio con regularidad.

Sí **No** **4.** Practicar la natación.

Sí **No** **5.** Visitar al médico.

Sí **No** **6.** Acostarse siempre muy temprano.

Sí **No** **7.** Tener antepasados de larga vida.

Nombre ______________________ Fecha ______________

Sección ______________

Pronunciación y ortografía

D **Los sonidos /k/ y /s/.** El deletreo de estos sonidos con frecuencia resulta problemático al escribir. Esto se debe a que varias consonantes pueden representar cada sonido según la vocal que las sigue. El primer paso para aprender a evitar problemas de ortografía es reconocer los sonidos. En las siguientes palabras, indica si el sonido que escuchas en cada una es **/k/** o **/s/**. Cada palabra se repetirá dos veces.

1. /k/ /s/ **6. /k/ /s/**

2. /k/ /s/ **7. /k/ /s/**

3. /k/ /s/ **8. /k/ /s/**

4. /k/ /s/ **9. /k/ /s/**

5. /k/ /s/ **10. /k/ /s/**

E **Deletreo del sonido /k/.** Al escuchar las siguientes palabras con el sonido **/k/**, observa cómo se escribe este sonido.

ca	**ca**ña	fra**ca**sar
que	**que**so	enri**que**cer
qui	**Qui**to	monar**quí**a
co	**co**lonización	soviéti**co**
cu	**cu**ltivo	o**cu**pación

F **Deletreo del sonido /s/.** Al escuchar las siguientes palabras con el sonido **/s/**, observa cómo se escribe este sonido.

sa o **za**	**sa**grado	**za**mbullir	pobre**za**
se o **ce**	**se**gundo	**ce**ro	enrique**ce**r
si o **ci**	**si**tuado	**ci**viliza**ci**ón	pala**ci**o
so o **zo**	**so**viético	**zo**rra	colap**so**
su o **zu**	**su**icidio	**zu**rdo	in**su**rrección

Ahora, escucha a los narradores leer las siguientes palabras y escribe las letras que faltan en cada una.

1. _____ p i t a n í a

2. o p r e _____ ó n

3. b l o _______ a r

4. f u e r _____

5. r e _____ l v e r

6. o l i g a r _______ a

7. _____ r g i r

8. ____ m u n i s t a

9. u r b a n i _____ d o

10. _____ r o n e l

G **Dictado.** Escucha el siguiente dictado e intenta escribir lo más que puedas. El dictado se repetirá una vez más para que revises tu párrafo.

La civilización maya

Nombre ______________________ Fecha ______________

Sección ______________

UNIDAD 3
LECCIÓN 2

¡A explorar!

Gramática en contexto: *describir lo que hacías y el tiempo*

H **Temblor.** Los estudiantes cuentan lo que estaban haciendo cuando ocurrió un temblor en la ciudad. Para saber lo que dicen, observa los dibujos que aparecen a continuación y utiliza los pronombres **yo** o **nosotros,** según corresponda.

MODELO

Yo hablaba por teléfono cuando ocurrió el temblor.

1. ______________________________

____

2. ______________________________

____

3. ______________________________

____

4. ______________________________

____

5. ______________________________

____

I

Tiempo loco. Usando los dibujos que figuran a continuación, indica qué actividades hiciste y cómo estaba el tiempo cada día.

MODELO

lunes

El lunes, cuando salí de casa, hacía buen tiempo (había sol).

Vocabulario útil

buen tiempo	calor	frío	viento
mal tiempo	fresco	sol	llover
estar lloviendo	nevar	estar nevando	estar nublado

martes

1. ______________________________

____

miércoles

2. ______________________________

____

Nombre ______________________ Fecha ______________

Sección ______________

UNIDAD 3

LECCIÓN 2

jueves

3. ______________________________________

____

viernes

4. ______________________________________

____

sábado

5. ______________________________________

____

J

Resoluciones. Di lo que empezaron a hacer las siguientes personas para mantenerse en forma.

MODELO

Manuel / empezar

Manuel empezó a hacer ejercicio.

Vocabulario útil

jugar al golf	ponerse a régimen
caminar	hacer ejercicios aeróbicos
nadar	montar en bicicleta
escalar rocas	levantar pesas

1. Papá / volver

2. Mamá / decidirse

3. Mi hermanita / aprender

4. Los mellizos / aprender

5. Yo / ...

Nombre ______________________ Fecha ______________

Sección ______________

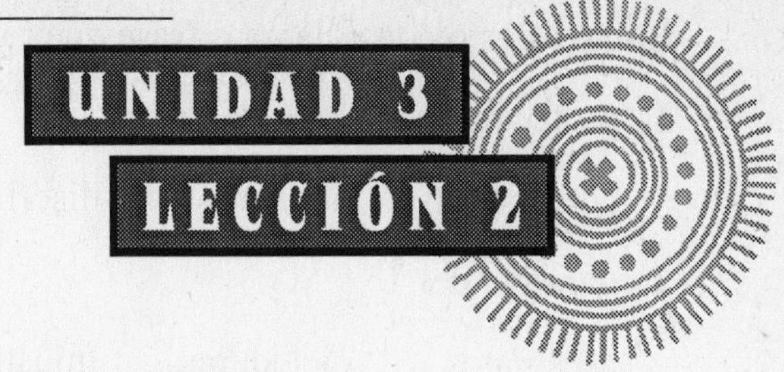

Vocabulario activo

K

Definiciones. Selecciona las opciones correctas para completar las siguientes oraciones. Puede haber más de una opción correcta.

1. Los derechos humanos son los derechos básicos como la protección de la discriminación a base de...

a. torturas

b. raza

c. origen nacional

2. En una democracia, todo ciudadano deber tener derechos básicos como el derecho...

a. a libertad de reunión

b. a la ley absoluta

c. contra la detención arbitraria

3. En muchos países del mundo no existe el derecho...

a. a festejar

b. a la igualdad de hombres y mujeres

c. a un medio ambiente limpio

4. El problema de los indígenas de Guatemala es que no tienen...

a. el derecho a libertad de reunión

b. la libertad

c. gobernantes socialistas

5. Para mejorar la situación en Latinoamérica, tiene que haber...

a. ayuda médica para los pobres

b. dictaduras militares

c. más oportunidad de trabajo

L **Lógica.** Escoje la palabra o frase que mejor complete cada frase.

1. protección de

corrupción	policía	discriminación	militares	ancianos

2. garantía de

asesinatos	dictaduras	injusticias	represión	derechos

3. aplicación uniforme de

leyes	educación	ayuda médica	trabajo	segregación

4. el derecho a libre

salud	propiedad	pensamiento	paz	igualdad

5. El racista discrimina a base de...

propiedad	raza	paz	religión	sexo

Composición: *comparación*

M **Un día en la vida de Rigoberta Menchú.** Imagina todas las actividades que Rigoberta Menchú realizaba a tu edad en un día. Compara estas actividades con las que tú realizas en un día de tu vida y en una hoja en blanco escribe una composición señalando las semejanzas y las diferencias.

Nombre ______________________ Fecha ____________

Sección ______________

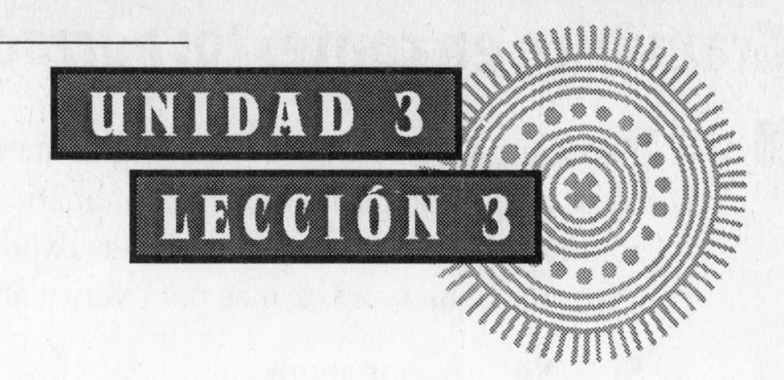

¡A escuchar!

Gente del Mundo 21

A **Arzobispo asesinado.** Escucha lo que dice la madre de un estudiante “desaparecido”, en un acto en homenaje al arzobispo asesinado de San Salvador. Luego marca si cada oración que sigue es **cierta (C), falsa (F)** o si no tiene relación con lo que escuchaste **(N/R).**

C F N/R **1.** La oradora habla en un acto para conmemorar otro aniversario del nacimiento de monseñor Óscar Arnulfo Romero.

C F N/R **2.** Monseñor Romero fue arzobispo de San Salvador durante tres años.

C F N/R **3.** Durante ese tiempo, monseñor Romero decidió quedarse callado y no criticar al gobierno.

C F N/R **4.** Monseñor Romero escribió un libro muy importante sobre la teología de la liberación.

C F N/R **5.** Fue asesinado cuando salía de su casa, el 24 de marzo de 1990.

C F N/R **6.** Al final del acto, la madre del estudiante “desaparecido” le pide al público un minuto de silencio en memoria de monseñor Romero.

Gramática en contexto: *narración*

B **Tarea incompleta.** Escucha la siguiente narración de una estudiante que no pudo completar la tarea de matemáticas. Usando la lista que aparece a continuación, indica cuáles de estas expresiones escuchaste **(Sí)** y cuáles no **(No).** Escucha una vez más para verificar tus respuestas.

Sí **No** **1.** por ahora

Sí **No** **2.** por cierto

Sí **No** **3.** por la noche

Sí **No** **4.** por la tarde

Sí **No** **5.** por lo menos

Sí **No** **6.** por lo tanto

Sí **No** **7.** por otra parte

Sí **No** **8.** por supuesto

Sí **No** **9.** por último

C **¿Nicaragüense o salvadoreña?** Escucha la siguiente narración acerca de Claribel Alegría y luego contesta las preguntas que aparecen a continuación.

1. Claribel Alegría es...

a. una escritora famosa

b. de Estelí, El Salvador

c. una ensayista desconocida

2. Claribel Alegría dice que es salvadoreña porque...

a. vivió desde muy pequeña en una ciudad salvadoreña

b. sus padres son salvadoreños

c. nació en El Salvador

3. Claribel Alegría se casó con...

a. un profesor de la Universidad George Washington

b. un joven de la ciudad de Santa Ana

c. un escritor estadounidense

4. El número total de obras que ha escrito Claribel Alegría es superior a...

a. quince

b. cuarenta

c. cincuenta

Nombre ______________________ Fecha ____________

Sección ____________

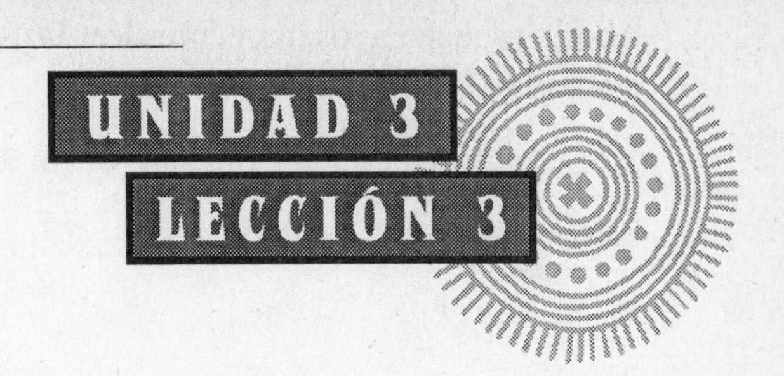

5. Su obra *Sobrevivo...*

   a. es un libro para niños

   b. recibió el Premio de la Casa de las Américas

   c. es una novela que no ha sido traducida al inglés

Pronunciación y ortografía

D **Los sonidos /g/ y /x/.** El deletreo de estos dos sonidos con frecuencia resulta problemático al escribir. Practica ahora cómo reconocer los sonidos. Al escuchar las siguientes palabras, indica si el sonido inicial de cada una es **/g/** como en **gordo, ganga** o **/x/** como en **japonés, jurado.** Cada palabra se va a repetir dos veces.

1. /g/ /x/	**6. /g/ /x/**
2. /g/ /x/	**7. /g/ /x/**
3. /g/ /x/	**8. /g/ /x/**
4. /g/ /x/	**9. /g/ /x/**
5. /g/ /x/	**10. /g/ /x/**

E **Deletreo del sonido /g/.** Al escuchar las siguientes palabras con el sonido **/g/**, observa cómo se escribe este sonido.

ga	**ga**lán	nave**ga**ción
gue	**gue**rrillero	ju**gue**tón
gui	**gui**a	conse**gui**r
go	**go**bierno	visi**go**do
gu	**gu**sto	or**gu**llo

F **Deletreo del sonido /x/.** Al escuchar las siguientes palabras con el sonido **/x/**, observa cómo se escribe este sonido.

ja	**ja**rdín	feste**ja**r	emba**ja**dor
je o **ge**	**je**fe	**ge**nte	extran**je**ro
ji o **gi**	**ji**tomate	**gi**gante	comple**ji**dad
jo	**jo**ya	espe**jo**	anglosa**jó**n
ju	**ju**dío	**ju**gador	con**ju**nto

Ahora, escucha a los narradores leer las siguientes palabras y escribe las letras que faltan en cada una.

1. _____ b e r n a n t e
2. e m b a _____ d a
3. _____ l p e
4. s u r _____ r
5. _____ e g o
6. t r a _____ d i a
7. _____ r r a
8. p r e s t i _____ o s o
9. f r i _____ l
10. a _____ n c i a

G

Dictado. Escucha el siguiente dictado e intenta escribir lo más que puedas. El dictado se repetirá una segunda vez para que revises tu párrafo.

El proceso de la paz

Nombre ______________________ Fecha ______________

Sección ______________

¡A explorar!

Gramática en contexto: *descripción*

H **Hechos recientes.** ¿Qué dicen estos estudiantes acerca de lo que hicieron ayer por la tarde? Usa las preposiciones **por** o **para,** según convenga.

MODELO *hacer / viaje / tren*
Hice un viaje por tren.

1. cambiar / estéreo / bicicleta

____

____

2. estudiar / examen de historia

____

____

3. caminar/ parque central

____

____

4. llamar / amigo Rubén / teléfono

____

____

5. comprar / regalo / novio(a)

____

____

6. leer / libro interesante / dos horas

____

____

7. ir / biblioteca / consultar una enciclopedia

____

____

I **De prisa.** Un amigo quiere invitarte a una fiesta. Para saber los detalles, completa el siguiente diálogo con las preposiciones **por** o **para,** según convenga.

AMIGO: ¿____________ (1) qué vas tan apurado(a)?

YO: Estoy atrasado(a) ____________ (2) mi clase de química.

AMIGO: Necesito hablar contigo____________ (3) invitarte a una fiesta que tenemos mañana ____________ (4) la noche.

YO: ____________(5) cierto que me gustaría mucho ir, pero llámame, ____________ (6) favor, esta tarde después de las cuatro ____________ (7) confirmar.

AMIGO: Está bien. Hasta pronto.

J **Atleta.** Este atleta está muy satisfecho con su progreso. Para saber por qué, completa la siguiente narración con las preposiciones **por** o **para,** según convenga.

Ayer, ____________ (1) hacer ejercicio, salí a correr ____________ (2) un parque que queda cerca de mi casa. Noté que, ____________ (3) un corto tiempo, pude mantener una velocidad de seis millas ____________ (4) hora. ____________ (5) alguien que no corre regularmente es un buen tiempo. Voy a seguir entrenándome, y creo que ____________ (6) el próximo mes, voy a estar mucho mejor.

Nombre ______________________ Fecha ____________

Sección ______________

Vocabulario activo

K **Palabras cruzadas.** Completa este juego de palabras con nombres de distintos cargos políticos.

Cargos políticos

A _ C _ _ E

_ E _ _ _ A D _ _

I _ _ _ _ N _ I _ _ _ E

G O _ _ _ _ D _ _

P R E S I D E N T E

D I _ _ _ D _

_ E P _ _ _ _ A _ _

L **Lógica.** En cada grupo de palabras, subraya aquella palabra o frase que no esté relacionada con el resto.

1.	comunista	marxista	nacionalista	socialista	izquierdista
2.	postular	opinar	nominar	votar	hacer campaña
3.	control de natalidad	pena de muerte	control de armas de fuego	suicidio voluntario	derechos universales
4.	gobernador	diputado	representante	legislador	senador
5.	alcaldesa	candidata	senadora	postula	diputada

Composición: *opiniones personales*

M **Editorial.** Imagina que trabajas para un diario salvadoreño y tu jefe te ha pedido que escribas un breve editorial sobre el próximo aniversario de la muerte de monseñor Óscar Arnulfo Romero. En una hoja en blanco, desarrolla por lo menos tres puntos sobre los que quieres que reflexionen tus lectores.

Nombre ______________________ Fecha ______________

Sección ______________

¡A escuchar!

Gente del Mundo 21

A **Reconocido artista cubano.** Escucha lo que dicen dos estudiantes cubanos al visitar un museo de arte de La Habana y luego marca si cada oración que sigue es **cierta (C), falsa (F)** o si no tiene relación con lo que escuchaste **(N/R).**

C F N/R **1.** La única razón por la cual Wifredo Lam es el artista favorito de Antonio es que es originario de la provincia de Las Villas.

C F N/R **2.** Wifredo Lam vivió en Madrid durante trece años.

C F N/R **3.** El artista cubano nunca conoció al artista español Pablo Picasso.

C F N/R **4.** En la década de los 40, Wifredo Lam regresó a Cuba y pintó cuadros que tenían como tema principal las calles de París.

C F N/R **5.** Su cuadro *La selva,* pintado en 1943, tiene inspiración afrocubana.

C F N/R **6.** Desde la década de los 50, este artista cubano vivió el resto de su vida en Cuba, donde murió en 1982.

Gramática en contexto: *descripción de lo que no se ha hecho*

B

Encargos. Ahora vas a escuchar a Elvira mencionar las cosas que sus padres le han pedido que haga y que todavía no ha hecho. Mientras escuchas, ordena numéricamente los dibujos. Ten en cuenta que algunos dibujos quedarán sin numerar. Escucha una vez más para verificar tus respuestas.

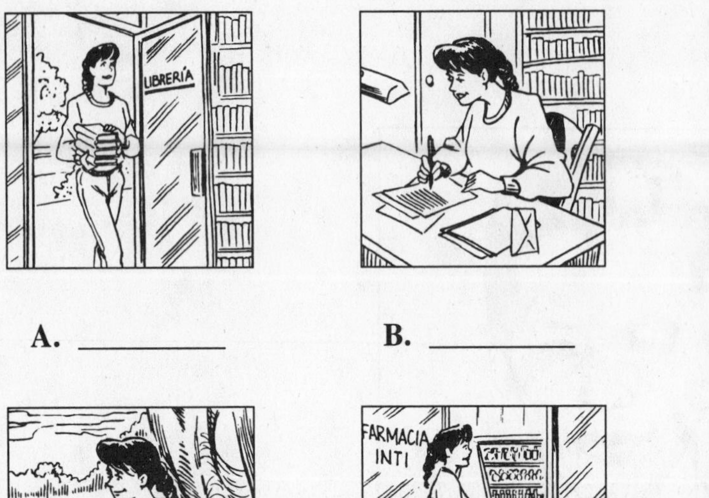

A. ________ **B.** ________ **C.** ________

D. ________ **E.** ________ **F.** ________

G. ________ **H.** ________

Nombre ______________________ Fecha ____________

Sección ______________

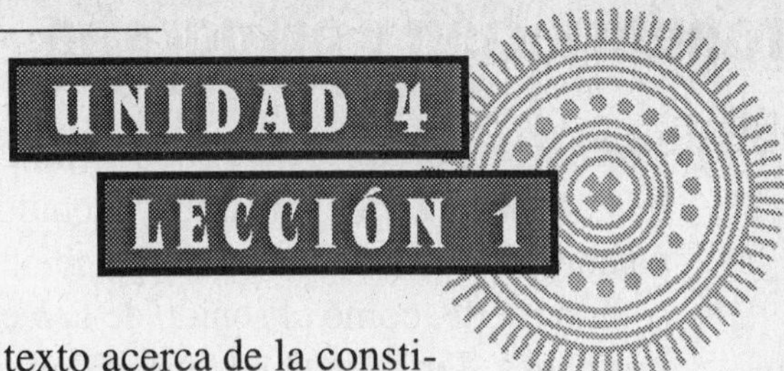

C **La constitución de Cuba.** Escucha el siguiente texto acerca de la constitución cubana y luego selecciona la opción que complete correctamente cada frase. Escucha una vez más para verificar tus respuestas.

1. La constitución actual de Cuba entró en vigencia en el año...

a. 1956

b. 1966

c. 1976

2. El porcentaje de votantes que aprobó la constitución fue...

a. 97,7

b. 95,7

c. 97,5

3. La constitución creó...

a. las asambleas estatales

b. los consejos del estado

c. las asambleas provinciales

4. La Asamblea Nacional tiene en la actualidad...

a. 590 miembros

b. 510 miembros

c. 593 miembros

5. En Cuba, los partidos políticos de oposición...

a. son apoyados por el régimen

b. no tienen libertad para funcionar

c. participan en todas las elecciones pero siempre pierden

Pronunciación y ortografía

D

Pronunciación de letras problemáticas: *b* y *v*. La **b** y la **v** se pronuncian de la misma manera. Sin embargo, el sonido de ambas varía en relación al lugar de la palabra en donde ocurra. Por ejemplo, la **b** o la **v** inicial de una palabra tiene un sonido fuerte, como el sonido de la *b* en inglés, si la palabra ocurre después de una pausa. También tiene un sonido fuerte cuando ocurre después de la **m** o la **n.**

Escucha a la narradora leer estas palabras, prestando atención a la pronunciación de la **b** o **v** fuerte. Observa que para producir este sonido, los labios se cierran para crear una pequeña presión de aire al soltar el sonido.

brillante	**v**irreinato	e**mb**ajador	co**nv**ocar
bloquear	**v**ictoria	a**mb**icioso	si**nv**ergüenza

En los demás casos, la **b** y la **v** tienen un sonido suave. Escucha a la narradora leer estas palabras, prestando atención a la pronunciación de la **b** o **v** suave. Observa que al producir este sonido, los labios se juntan, pero no se cierran completamente; por lo tanto, no existe la presión de aire y lo que resulta es una **b** o **v** suave.

re**b**elión	resol**v**er	afrocu**b**ano	culti**v**o
po**b**reza	pro**v**incia	exu**b**erante	contro**v**ertido

Ahora escucha al narrador leer las siguientes palabras e indica si el sonido de la **b** o **v** que oyes es un sonido **fuerte (F)** o **suave (S).**

1. F S **5. F S**

2. F S **6. F S**

3. F S **7. F S**

4. F S **8. F S**

E

Deletreo con la *b* y la *v*. Las siguientes reglas te ayudarán a saber cuándo una palabra se escribe con **b (larga)** o con **v (corta).** Memorízalas.

Regla Nº 1: Siempre se escribe la **b** antes de la **l** y la **r.** Las siguientes raíces también contienen la **b: bene-, bien-, biblio-, bio-.** Estudia estos ejemplos mientras la narradora los pronuncia.

bloquear	ham**bre**	**bene**ficio	**biblio**grafía
o**bl**igación	**br**avo	**bien**estar	**bio**logía

Ahora escucha a los narradores leer las siguientes palabras y escribe las letras que faltan en cada una.

1. ______ i s a **5.** ______ u s a

2. a l a m ______ e **6.** c a ______ e

3. ______ a n c o **7.** c o ______ e

4. ______ o q u e **8.** ______ u j a

Nombre ____________________ Fecha ______________

Sección ______________

Regla Nº 2: Después de la **m** siempre se escribe la **b.** Después de la **n** siempre se escribe la **v.** Estudia estos ejemplos mientras la narradora los pronuncia.

embarcarse	**emb**ajador	co**nv**ención	**env**uelto
ta**mb**ién	ca**mb**iar	**env**ejecer	co**nv**ertir

Ahora escucha a los narradores leer las siguientes palabras y escribe las letras que faltan en cada una.

1. s o ______ r a

2. e ______ i a r

3. t a ______ o r

4. i ______ e n c i b l e

5. i ______ e n t a r

6. e ______ l e m a

7. e ______ e n e n a r

8. r u ______ o

Regla Nº 3: Los siguientes prefijos siempre contienen la **b: ab-, abs-, bi-, bis-, biz-, ob-, obs-** y **sub-,** y después del prefijo **ad-** siempre se escribe la **v.** Estudia estos ejemplos mientras la narradora los pronuncia.

abstracto	**adv**ersidad
abstener	**ob**ligado
biblioteca	**ob**stáculo
bisonte	**sub**rayar
adversario	**subs**tituir

Ahora escucha a los narradores leer las siguientes palabras y escribe las letras que faltan en cada una.

1. ______ t e n e r

2. ________ m a r i n o

3. ______ s o l u t o

4. ________ n i e t o

5. ________ t r a c t o

6. ________ e r t i r

7. ________ e r v a t o r i o

8. ________ e r b i o

F **Dictado.** Escucha el siguiente dictado e intenta escribir lo más que puedas. El dictado se repetirá una vez más para que revises tu párrafo.

El proceso de independencia de Cuba

Nombre ______________________ Fecha ____________

Sección ____________

¡A explorar!

Gramática en contexto: *describir un objeto, hablar de lo que no has hecho y escribir en estilo periodístico*

G **El coche de la profesora.** ¿Cómo es el coche de la profesora Montoya? Para saber cómo contesta ella esta pregunta, completa el siguiente texto usando el **participio pasado** de los verbos que aparecen entre paréntesis.

Tengo un coche ____________________ (1. usar) del año 1986. Es un sedán de cuatro puertas, de color azul claro. No es un coche ____________________ (2. fabricar) en este país, es ____________________ (3. importar), pero como es viejo, no tiene las bolsas de aire ____________________ (4. instalar) en los modelos más nuevos. Es el modelo ____________________ (5. preferir) por muchos jóvenes.

H **Obligaciones pendientes.** Tú y tus amigos hablan de las cosas que debían hacer esta semana y que todavía no han hecho.

MODELO *Todavía no __________ ____________________ (llevar) el coche al mecánico.*
Todavía no he llevado el coche al mecánico.

1. Todavía no __________ ____________________ (hablar) con el profesor de biología.
2. Carlos todavía no __________ ____________________ (ir) al supermercado.
3. Marla y yo todavía no __________ ____________________ (escribir) el informe para la clase de historia.
4. Ustedes todavía no __________ ____________________ (resolver) el problema con mi jefe.
5. Nosotros todavía no __________ ____________________ (organizar) nuestra próxima fiesta.

6. Elena todavía no __________ ____________________ (ver) las fotos de nuestra última excursión.

7. Rita y Alex todavía no __________ ____________________ (hacer) el experimento para la clase de química.

I

Un fuerte cubano. Completa el siguiente texto acerca de un fuerte cubano colonial. Selecciona el verbo apropiado usado delante de cada participio pasado.

El Castillo de la Fuerza es la construcción más antigua de Cuba y uno de los fuertes más antiguos de América. __________________ (1. Es / Está) situado en La Habana y __________________ (2. fue / estuvo) construido entre 1535 y 1538. Como la ciudad __________________ (3. era / estaba) saqueada frecuentemente por los piratas, era necesario defenderla mejor. Así, varios fuertes semejantes a El Castillo __________________ (4. fueron / estuvieron) construidos en esa época. En la actualidad, dentro de El Castillo __________________ (5. es / está) ubicado el Museo de Armas y desde una de sus torres se aprecia una bella vista de la ciudad.

J

Cultura cubana. Con los elementos dados, construye oraciones acerca de la cultura cubana.

MODELO *caracterizar (presente) / la cultura cubana / por la mezcla de lo africano y lo europeo*
La cultura cubana se caracteriza por la mezcla de lo africano y lo europeo.

1. abolir (pretérito) / la esclavitud / en Cuba en 1886

____

____

2. suprimir (pretérito) / la esclavitud / antes de 1886 en el resto del Caribe

____

____

3. mantener (pretérito) / lo africano / en Cuba por mucho tiempo

____

____

4. tomarse (pretérito) muchos ritmos actuales de la música africana

____

____

5. practicar (presente) / la santería, mezcla de creencias católicas y yorubas / entre las clases populares

____

____

K

Historia de Cuba. Expresa los siguientes hechos acerca de la historia temprana de Cuba, usando el estilo periodístico.

MODELO *Cristóbal Colón visitó Cuba en 1492.*
Cuba fue visitada por Cristóbal Colón en 1492.

1. Sebastián de Ocampo recorrió las costas de Cuba en 1508.

____

____

____

2. Diego Velázquez conquistó Cuba en 1511.

____

____

____

3. Diego Velázquez fundó La Habana en 1515.

____

____

____

4. Los españoles introdujeron el cultivo de la caña de azúcar después de 1526.

____

____

____

5. Los ingleses controlaron la isla entre 1762 y 1763.

____

____

____

Vocabulario activo

L **Descripciones.** Indica qué frase de la segunda columna describe correctamente cada palabra de la primera.

____	**1.** conga	**a.** campana pequeña
____	**2.** paso	**b.** rápido
____	**3.** movimiento	**c.** dos palos
____	**4.** cencerro	**d.** baile cubano
____	**5.** acelerado	**e.** ritmo
____	**6.** embrujar	**f.** acción de mover
____	**7.** palpitante	**g.** tambor largo como un barril
____	**8.** claves	**h.** emocionante
____	**9.** habanera	**i.** cautivar
____	**10.** compás	**j.** movimiento de los pies

M **Lógica**. En cada grupo de palabras, subraya aquélla que no esté relacionada con el resto.

1. apasionado	cautivante	palpitante	romántico	chequere
2. cueca	cumbia	merengue	güiro	pregón
3. salado	cadencia	compás	ritmo	paso
4. rico	sabroso	maracas	salado	acelerado
5. vals	guaracha	salsa	sabroso	samba

Composición: *expresar opiniones*

N **El bloqueo de EE.UU. contra Cuba.** En una hoja en blanco, escribe una composición argumentando una posición a favor o en contra del embargo comercial decretado por el gobierno de EE.UU. contra Cuba desde 1961.

Nombre ______________________ Fecha ____________

Sección ______________

¡A escuchar!

Gente del Mundo 21

A **Elecciones dominicanas.** Escucha lo que dice un profesor de la Universidad de Santo Domingo a un grupo de estudiantes extranjeros que están estudiando en la República Dominicana y luego marca si cada oración que sigue es **cierta (C), falsa (F)** o si no tiene relación con lo que escuchaste **(N/R).**

C F N/R **1.** Aunque tiene el nombre de República Dominicana, en este país no se celebran regularmente elecciones.

C F N/R **2.** Rafael Leónidas Trujillo duró más de treinta años en el poder.

C F N/R **3.** Joaquín Balaguer fue nombrado presidente por primera vez en 1966.

C F N/R **4.** En la República Dominicana el presidente no se puede reelegir.

C F N/R **5.** Las elecciones presidenciales de 1994 causaron mucha controversia debido a que desapareció casi un tercio de los votos.

Gramática en contexto: *narración y comprensión de mandatos*

B **Órdenes.** ¡Pobre Carlitos! ¡Tiene tanto que hacer! Escucha lo que su mamá le dice que haga. Indica el orden en que Carlitos debe hacer las cosas ordenando numéricamente los dibujos que aparecen a continuación. Escucha una vez más para verificar tus respuestas.

A. ______

B. ______

C. ______

D. ______

E. ______

F. ______

Nombre ______________________ Fecha ____________

Sección ____________

UNIDAD 4

LECCIÓN 2

C **Discurso político.** Usando la lista que aparece a continuación, indica si el candidato que vas a escuchar menciona **(Sí)** o no **(No)** el programa indicado. Escucha una vez más para verificar tus respuestas.

Sí **No** **1.** Acelerar la construcción de edificios.

Sí **No** **2.** Mejorar la educación.

Sí **No** **3.** Eliminar la pobreza.

Sí **No** **4.** Controlar la inflación.

Sí **No** **5.** Disminuir el desempleo.

Sí **No** **6.** Crear nuevos trabajos.

Sí **No** **7.** Acelerar el ritmo de las exportaciones.

Pronunciación y ortografía

D **Pronunciación y ortografía de las letras *q, k* y *c*.** La **q** y la **k,** y la **c** antes de las vocales **a, o** y **u,** se pronuncian de la misma manera. Con la excepción de algunas palabras incorporadas al español como préstamos de otros idiomas *(quáter, quásar, quórum),* este sonido sólo ocurre con la **q** en las combinaciones **que** o **qui.** Con la **k,** el sonido sólo ocurre en palabras prestadas o derivadas de otros idiomas, como *kabuki, karate, kibutz, koala, kilo.* Con la **c,** este sonido sólo ocurre en las combinaciones **ca, co** y **cu.** Estudia la ortografía de estas palabras mientras la narradora las lee.

complejo	**que**mar	**ka**mi**ka**ze
ex**ca**vaciones	oligar**quí**a	**ka**yak
cultivar	ata**que**	**ki**lómetro

Ahora escucha a los narradores leer las siguientes palabras y escribe las letras que faltan en cada una.

1. ____ n e x i ó n

2. a r ______ o l ó g i ____

3. ____ m e r c i a n t e

4. m a g n í f i ____

5. ______ c h é

6. b l o ______ a r

7. d e r r o ____ d o

8. ______ t z a l c ó a t l

E **Dictado.** Escucha el siguiente dictado e intenta escribir lo más que puedas. El dictado se repetirá una vez más para que revises tu párrafo.

La cuna de América

Nombre ____________________ Fecha ____________

Sección ____________

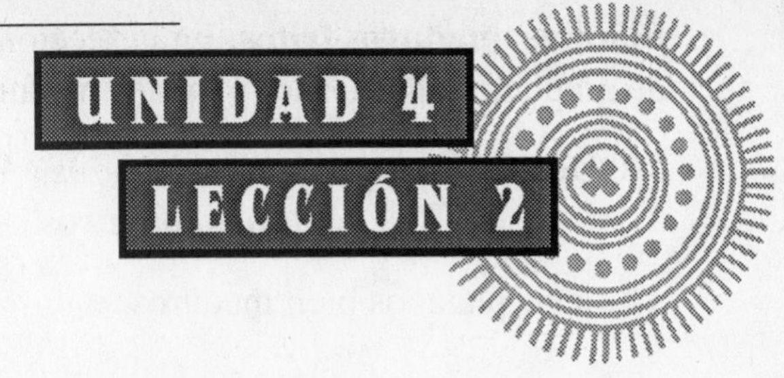

¡A explorar!

Gramática en contexto: *hablar de esperanzas, dar instrucciones y hacer recomendaciones*

F **Futuras vacaciones.** Planeas unas vacaciones en la República Dominicana. ¿Qué esperanzas tienes?

MODELO *no hacer demasiado calor*
Ojalá no haga demasiado calor.

1. no llover todo el tiempo

____

2. yo / tener tiempo para visitar muchos lugares

____

____

3. yo / conseguir boletos para el Teatro Nacional

____

____

4. yo / poder ver un partido de béisbol

____

5. haber conciertos de música popular

____

____

6. yo / aprender a bailar merengue

____

7. yo / alcanzar a ver algunos museos coloniales

____

____

8. yo / divertirme mucho

____

G **Plátanos maduros fritos.** En la sección de cocina del periódico hay una receta de un plato dominicano: plátanos maduros fritos. ¿Qué dice la receta?

MODELO *usar plátanos maduros*
Use plátanos maduros.

1. elegir plátanos bien maduros

____

2. pelarlos

____

3. cortarlos a lo largo

____

4. freírlos en aceite

____

5. poner atención y no quemarlos

____

6. sacarlos cuando estén ligeramente dorados

____

H **Recomendaciones.** Éste es tu primer año en el equipo de básquetbol. ¿Qué recomendaciones te da tu entrenador?

MODELO *mantenerse en forma*
Mantente en forma.

1. ____________________ (Entrenarse) todos los días.

2. No ____________________ (faltar) a las prácticas.

3. No ____________________ (llegar) tarde a las prácticas.

4. ____________________ (Concentrarse) durante los partidos.

5. ____________________ (Hacer) las cosas lo mejor posible.

6. ____________________ (Salir) a la cancha dispuesto(a) a ganar.

7. No ____________________ (desanimarse) nunca.

Nombre ______________________ Fecha ____________

Sección ____________

UNIDAD 4

LECCIÓN 2

I

Consejos. ¿Qué consejos les dan los profesores a los alumnos para tener un buen rendimiento académico?

MODELO *escoger un lugar tranquilo donde estudiar*
Escojan un lugar tranquilo donde estudiar.

1. hacer una lectura rápida del texto

____

____

2. leer el texto por lo menos dos veces

____

____

3. tomar notas

____

____

4. resumir brevemente la lección

____

____

5. organizarse en grupos de estudios de vez en cuando

____

____

Vocabulario activo

J **Descripciones.** Indica qué palabra o frase de la segunda columna describe correctamente cada palabra o frase de la primera.

____	**1.** bateador	**a.**	dejarse caer al correr
____	**2.** lanzador	**b.**	deporte para dos personas
____	**3.** relevista	**c.**	hacer un cuadrangular
____	**4.** básquetbol	**d.**	lago
____	**5.** deslizar	**e.**	requiere caballo
____	**6.** lucha libre	**f.**	requiere tubo de respiración
____	**7.** pescar	**g.**	tirar la pelota
____	**8.** bucear	**h.**	requiere bote
____	**9.** montar	**i.**	requiere canasta
____	**10.** navegar	**j.**	bateador designado

K **Lógica.** En cada grupo de palabras, subraya aquella palabra o frase que no esté relacionada con el resto.

1. natación	montar a caballo	bucear	navegar	hacer surf
2. hacer un jit	hacer golpes ilegales	hacer un cuadrangular	hacer windsurf	hacer un batazo
3. jardinero	lanzador	receptor	árbitro	guardabosque
4. árbitro	pelota	jardinero	bateador	receptor
5. beisbolista	baloncesto	voleibol	tenis	béisbol

Composición: *informar*

L **El diario de Cristóbal Colón.** Imagina que tú eres el famoso almirante Cristóbal Colón. En el diario que escribes para la reina Isabel la Católica, le informas que el 6 de diciembre de 1492 llegaste a una hermosa isla. Los indígenas la llaman Quisqueya, pero tú le has dado el nuevo nombre de La Española. En una hoja en blanco, dirige el informe a la Reina y explícale brevemente lo sucedido ese día.

Nombre ______________________ Fecha ______________

Sección ______________

¡A escuchar!

Gente del Mundo 21

A **Luis Muñoz Marín.** En una escuela secundaria de San Juan de Puerto Rico, una maestra de historia les hace preguntas a sus alumnos. Escucha con atención lo que dicen y luego marca si cada oración que sigue es **cierta (C), falsa (F)** o si no tiene relación con lo que escuchaste **(N/R).**

C F N/R 1. Luis Muñoz Marín fue el primer gobernador de Puerto Rico elegido directamente por los puertorriqueños.

C F N/R 2. Luis Muñoz Marín fue elegido gobernador por primera vez en 1952.

C F N/R 3. Su partido político era el Partido Popular Democrático.

C F N/R 4. Luis Muñoz Marín fue elegido gobernador de Puerto Rico cuatro veces.

C F N/R 5. El gobierno de Luis Muñoz Marín nunca aprobó que Puerto Rico se tranformara en Estado Libre Asociado de EE.UU.

Gramática en contexto: *entender opiniones expresadas*

B

El futuro de Puerto Rico. Escucha lo que dice una señora puertorriqueña y luego indica si las afirmaciones que siguen reflejan **(Sí)** o no **(No)** la opinión de esta persona. Escucha una vez más para verificar tus respuestas.

Sí **No** **1.** Es bueno que Puerto Rico sea un Estado Libre Asociado.

Sí **No** **2.** Es necesario poder votar en las elecciones presidenciales de EE.UU.

Sí **No** **3.** No es importante que se mantengan la lengua y la herencia hispana.

Sí **No** **4.** Puerto Rico necesita la ayuda del gobierno federal de EE.UU.

Sí **No** **5.** Las compañías norteamericanas son esenciales para la buena economía de la isla.

Sí **No** **6.** Es mejor pagarle impuestos federales a Puerto Rico.

C

¿Estado número 51? Escucha la opinión de la persona que habla y luego indica si mencionó **(Sí)** o no **(No)** las afirmaciones que siguen. Escucha una vez más para verificar tus respuestas.

Sí **No** **1.** Los puertorriqueños y los norteamericanos deben tener los mismos derechos.

Sí **No** **2.** Los puertorriqueños necesitan aumentar su representación política en Washington.

Sí **No** **3.** Ninguna empresa norteamericana va a salir de Puerto Rico.

Sí **No** **4.** El desempleo puede aumentar.

Sí **No** **5.** No es bueno que Puerto Rico sea un Estado Libre Asociado.

Sí **No** **6.** Los puertorriqueños deben pagar impuestos federales.

Sí **No** **7.** En el futuro los puertorriqueños deberán hablar solamente inglés.

Nombre ______________________ Fecha ______________

Sección ______________

UNIDAD 4

LECCIÓN 3

Pronunciación y ortografía

D **Guía para el uso de la letra *c*.** En la unidad anterior aprendiste que la **c** en combinación con la **e** y la **i** tiene el sonido **/s/*** y que frente a las vocales **a, o** y **u** tiene el sonido **/k/.** Observa esta relación entre los sonidos de la letra **c** y el deletreo al escuchar a la narradora leer estas palabras.

/k/	/s/
catastrófi**ca**	**ce**der
constitución	**ci**viliza**ci**ón
cuentos	**ci**vil
electróni**co**	enrique**ce**rse
vo**ca**lista	exporta**ci**ón
gigantes**co**	recono**ci**do

Ahora, escucha a los narradores leer las siguientes palabras. Marca con un círculo el sonido que oyes en cada una.

1 **/k/** **/s/**
2. **/k/** **/s/**
3. **/k/** **/s/**
4. **/k/** **/s/**
5. **/k/** **/s/**
6. **/k/** **/s/**
7. **/k/** **/s/**
8. **/k/** **/s/**
9. **/k/** **/s/**
10. **/k/** **/s/**

E **Deletreo con la letra *c*.** Ahora, escucha a los narradores leer las siguientes palabras y escribe las letras que faltan en cada una.

1. e s ______ n a r i o
2. a s o ______ a d o
3. ______ l o n o
4. d e n o m i n a ______ ó n
5. g i g a n t e s ______
6. ______ n a
7. p r e s e n ______ a
8. a ______ l e r a d o
9. p e t r o q u í m i ______
10. f a r m a ______ u t i ______

*En España, la **c** delante de la **e** o **i** tiene el sonido de la combinación *th* en inglés.

F **Dictado.** Escucha el siguiente dictado e intenta escribir lo más que puedas. El dictado se repetirá una vez más para que revises tu párrafo.

Estado Libre Asociado de EE.UU.

Nombre ____________________ Fecha ____________

Sección ____________

¡A explorar!

Gramática en contexto: *expresar opiniones*

G **Vida de casados.** Los estudiantes expresan su opinión acerca de lo que es importante para las personas casadas.

MODELO *importante / entenderse bien*
Es importante que se entiendan bien.

1. esencial / respetarse mutuamente

   ____

   ____

2. recomendable / ser francos

   ____

   ____

3. mejor / compartir las responsabilidades

   ____

   ____

4. necesario / tenerse confianza

   ____

   ____

5. preferible / ambos hacer las tareas domésticas

   ____

   ____

6. bueno / ambos poder realizar sus ambiciones profesionales

   ____

   ____

H

El béisbol en el Caribe. Con los elementos dados, completa las siguientes oraciones acerca de la importancia del béisbol en el Caribe.

MODELO *sorprendente: el béisbol / ser el deporte favorito de los caribeños*
Es sorprendente que el béisbol sea el deporte favorito de los caribeños.

1. dudoso: muchos norteamericanos / saber lo importante que es el béisbol en el Caribe

____

____

____

2. evidente: a los caribeños / gustarles mucho el béisbol

____

____

____

3. curioso: haber tantos beisbolistas caribeños talentosos

____

____

____

4. fantástico: muchos jugadores profesionales de EE.UU. / venir del Caribe

____

____

____

5. cierto: muchos jugadores caribeños / triunfar en las grandes ligas

____

____

____

6. increíble: los equipos de las grandes ligas / mantener academias de béisbol en la República Dominicana

____

____

____

7. natural: muchos jugadores caribeños / preferir jugar en EE.UU.

____

____

____

Nombre ______________________ Fecha ____________

Sección ______________

UNIDAD 4

LECCIÓN 3

I

Reacciones. Indica tu reacción cuando te comunican estas noticias sobre tus amigos.

Vocabulario útil

es bueno	es triste	estoy contento de que
es lamentable	es sorprendente	lamento que
es malo	es una lástima	me alegra que

MODELO *Manolo es miembro del Club de Español.*
Me alegra que Manolo sea miembro del Club de Español.

1. Enrique busca trabajo.

____

____

2. Gabriela está enferma.

____

____

3. Javier recibe malas notas.

____

____

4. Yolanda trabaja como voluntaria en el hospital.

____

____

5. Lorena no participa en actividades extracurriculares.

____

____

6. Gonzalo no dedica muchas horas al estudio.

____

____

7. A Carmela le interesa la música caribeña.

____

____

J **Explicación posible.** Algunos de tus amigos hacen cosas que normalmente no hacen. ¿Puedes dar alguna posible explicación en cada caso?

MODELO *Aníbal no está en clase hoy.*
Es posible (probable) que esté enfermo.

1. Sonia se duerme en clases.

____

____

2. Wifredo saca malas notas.

____

____

3. Óscar no va al trabajo.

____

____

4. Vicky llega tarde a clase.

____

____

5. Enrique no presta atención en las clases de física.

____

____

6. Irene no contesta los mensajes telefónicos.

____

____

Nombre ______________________ Fecha ____________

Sección ____________

Vocabulario activo

K

Descripciones. Indica qué palabra o frase de la segunda columna se relaciona con la palabra o frase de la primera.

____	**1.** ilegal	**a.** facturas
____	**2.** cruzar	**b.** hacer público
____	**3.** costos	**c.** llegar
____	**4.** declarar	**d.** terminar
____	**5.** prueba de compras	**e.** frontera
____	**6.** consulado	**f.** aduana
____	**7.** domicilio	**g.** contrabando
____	**8.** caducar	**h.** derechos de aduana
____	**9.** inmigración	**i.** hogar
____	**10.** aterrizar	**j.** visa

L

Lógica. En cada grupo de palabras, subraya aquélla que no esté relacionada con el resto.

1. frontera	ciudad	domicilio	estado	provincia
2. casado	soltero	divorciado	viudo	jubilado
3. aduana	apellido	pasaporte	visa	declaración
4. salida	registrar	llegada	entrada	aterrizar
5. pasajero	inspector	contrabando	ciudadano	inmigrante

Composición: *argumentos*

M **Tres alternativas.** En una hoja en blanco, escribe una composición en la que das los argumentos a favor y en contra de cada una de las tres alternativas que tiene Puerto Rico para su futuro político: 1) continuar como Estado Libre Asociado de EE.UU., 2) convertirse en otro estado de EE.UU. o 3) lograr la independencia.

Nombre ____________________ Fecha ____________

Sección ______________

¡A escuchar!

Gente del Mundo 21

A **La expresidenta de Nicaragua.** Escucha lo que dice un comentarista de una estación de televisión centroamericana al presentar a la expresidenta de Nicaragua. Luego marca si cada oración que sigue es **cierta (C), falsa (F)** o si no tiene relación con lo que escuchaste **(N/R).**

C F N/R **1.** Después del asesinato de su esposo, doña Violeta Barrios de Chamorro vendió el periódico *La Prensa* y se mudó a Miami.

C F N/R **2.** De julio de 1979 a abril de 1980, Violeta Barrios de Chamorro formó parte de la Corte Suprema de la Justicia.

C F N/R **3.** Violeta Barrios de Chamorro llegó a la presidencia en 1990 después de triunfar en las elecciones libres.

C F N/R **4.** El gobierno de Chamorro logró la reconciliación de las fuerzas contrarrevolucionarias.

C F N/R **5.** En 1997 Violeta Barrios de Chamorro volvió a ser directora de *La Prensa.*

Gramática en contexto: *narración descriptiva*

B

León. Escucha el siguiente texto acerca de la ciudad de León y luego selecciona la opción correcta para completar las oraciones que aparecen a continuación. Escucha una vez más para verificar tus respuestas.

1. León es una ciudad...

a. salvadoreña

b. hondureña

c. nicaragüense

2. León se caracteriza por ser una ciudad...

a. capital

b. colonial

c. ultramoderna

3. En León se pueden ver...

a. techos de color rojo

b. amplias avenidas

c. edificios muy modernos

4. El poeta Rubén Darío murió en León en...

a. 1816

b. 1906

c. 1916

5. El Museo-Archivo Rubén Darío contiene...

a. posesiones personales del poeta

b. la más completa biblioteca sobre la obra del poeta

c. una colección de todas las cartas escritas por el poeta

C

Pequeña empresa. Escucha lo que dice el gerente acerca de su empresa y luego determina si las afirmaciones que siguen coinciden **(Sí)** o no **(No)** con la información del texto. Escucha una vez más para verificar tus respuestas.

Sí **No** **1.** En la empresa hay cincuenta empleados.

Sí **No** **2.** Hay una sola secretaria que habla español.

Nombre ______________________ Fecha ____________

Sección ______________

UNIDAD 5
LECCIÓN 1

Sí **No** **3.** Buscan secretarias bilingües.

Sí **No** **4.** El jefe de ventas es dinámico.

Sí **No** **5.** No les gusta la recepcionista que tienen.

Sí **No** **6.** Buscan una recepcionista que se entienda bien con la gente.

Pronunciación y ortografía

D **Guía para el uso de la letra** ***z.*** La **z** tiene sólo un sonido /s/,* que es idéntico al sonido de la **s** y al de la **c** en las combinaciones **ce** y **ci.** Observa el deletreo de este sonido al escuchar a la narradora leer las siguientes palabras.

/s/	/s/	/s/
zapote	**ce**ntro	**s**altar
zacate	**ce**rámica	a**s**e**s**inado
zona	**ci**clo	**s**ociedad
ar**z**obispo	pro**ce**so	**s**ubde**s**arrollo
i**z**quierdista	violen**ci**a	tra**s**ladar**s**e
die**z**	apre**ci**ado	di**s**uelto

Ahora, escucha a los narradores leer las siguientes palabras y escribe las letras que faltan en cada una.

1. ____ r r o

2. v e n g a n ____

3. f o r t a l e ____

4. a ____ c a r

5. f u e r ____

6. g a r a n t i ____ r

7. l a n ____ d o r

8. f o r ____ d o

9. m ____ c l a r

10. n a c i o n a l i ____ r

*En España, la **z** tiene el sonido de la combinación *th* en inglés.

E

Deletreo con la letra *z*. La **z** siempre se escribe en ciertos sufijos, patronímicos y terminaciones.

- Con el sufijo **-azo** (indicando una acción realizada con un objeto determinado)

  latig**azo** puñet**azo** botell**azo** manot**azo**

- Con los patronímicos (apellidos derivados de nombres propios españoles) **-az, -ez, -iz, -oz, -uz**

  Alcar**az** Domíngu**ez** Ru**iz** Muñ**oz**

- Con las terminaciones **-ez, -eza** de sustantivos abstractos

  timid**ez** honrad**ez** nobl**eza** trist**eza**

Ahora, escucha a los narradores leer las siguientes palabras y escribe las letras que faltan en cada una.

1. g o l p ___ ___ ___
2. e s c a s ___ ___
3. Á l v a r ___ ___
4. G o n z á l ___ ___
5. g o l ___ ___ ___
6. p e r ___ ___ ___
7. g a r r o t ___ ___ ___
8. L ó p ___ ___
9. e s p a d ___ ___ ___
10. r i g i d ___ ___

Nombre ______________________ Fecha ____________

Sección ______________

UNIDAD 5

LECCIÓN 1

F **Dictado.** Escucha el siguiente dictado e intenta escribir lo más que puedas. El dictado se repetirá una segunda vez para que revises tu párrafo.

El proceso de la paz

¡A explorar!

Gramática en contexto: *descripción*

G **Explicaciones.** Una estudiante nueva de Nicaragua llegó a tu escuela. Ahora ella está contando algo sobre los lugares, la gente y la cultura de su país. Para saber qué dice, completa cada oración con el **pronombre relativo** apropiado.

1. Los nicaraos eran una tribu _______________ habitaba el territorio nicaragüense antes de la llegada de los españoles.
2. El lago Managua es el lugar en _______________ se encuentran las huellas prehistóricas de Acahualinca.
3. León y Granada son dos ciudades _______________ fueron el centro de la vida colonial nicaragüense.
4. A comienzos de los años 30 Nicaragua estaba ocupada por tropas estadounidenses contra _______________ luchó el patriota César Augusto Sandino.
5. Daniel Ortega fue el presidente _______________ gobernó Nicaragua entre 1984 y 1990.
6. Daniel Ortega fue también el candidato a _______________ derrotó Violeta Barrios de Chamorro en las elecciones presidenciales de 1990.
7. Gioconda Belli, _______________ libro *De la costilla de Eva* fue traducido al inglés, es una importante poeta nicaragüense contemporánea.

Nombre ____________________ Fecha ____________

Sección ____________

UNIDAD 5
LECCIÓN 1

H

Juguetes. Tu sobrinito te muestra los diferentes juguetes que tiene. Para saber lo que dice, combina las dos oraciones en una sola usando un **pronombre relativo** apropiado.

MODELO Éste es el tractor. Llevo este tractor al patio todas las tardes.
Éste es el tractor que llevo al patio todas las tardes.

1. Éstos son los soldaditos de plomo. Mi tío Rubén me compró estos soldaditos en Nicaragua.

____

____

2. Éste es el balón. Uso este balón para jugar al básquetbol.

____

____

3. Éstos son los títeres. Juego a menudo con estos títeres.

____

____

4. Éste es un coche eléctrico. Mi papá me regaló este coche el año pasado.

____

____

5. Éstos son los jefes del ejército. Mis soldaditos de plomo desfilan delante de estos jefes.

____

____

I

Profesiones ideales. Los estudiantes hablan del tipo de profesión que preferirían seguir.

MODELO *Espero tener una profesión en la que se ___________________ (usar) las lenguas extranjeras.*
Espero tener una profesión en la que se usen las lenguas extranjeras.

1. Quiero tener una profesión que me ___________________ (permitir) viajar.
2. Deseo una profesión en la que no ___________________ (haber) que calcular números.
3. Voy a elegir una profesión en la cual se ___________________ (ganar) mucho dinero.
4. Me gustaría seguir una profesión que ___________________ (requerir) contacto con la gente.
5. Quiero tener un trabajo en el que yo ___________________ (poder) usar mi talento artístico.

J

Fiesta de disfraces. Tú y tus amigos hablan de una fiesta de disfraces que va a tener lugar el 31 de octubre. Para saber qué disfraces piensa llevar cada uno, completa las siguientes oraciones con el **presente de indicativo** o **de subjuntivo,** según convenga.

1. Quiero un disfraz que ___________________ (ser) divertido.
2. Pues, yo tengo un disfraz que ___________________ (ser) muy divertido.
3. Yo voy a llevar una máscara con la cual nadie me ___________________ (ir) a reconocer.
4. Necesito un disfraz que le ___________________ (dar) miedo a la gente.
5. Quiero un traje que no ___________________ (parecer) muy ridículo.
6. Busco un disfraz que ___________________ (tener) originalidad.

Nombre ______________________ Fecha ______________

Sección ______________

UNIDAD 5
LECCIÓN 1

Vocabulario activo

K **Lógica.** Indica qué palabra tiene un significado muy parecido a lo de la primera palabra de cada lista.

1. **camino**	carretera	neumático	casco	freno
2. **camión**	tren	carreta	camioneta	bicicleta
3. **barco**	canoa	buque	lancha	bote de remo
4. **directo**	despejar	ida y vuelta	aterrizar	sin escalas
5. **estribo**	freno	pedal	palanca	guardabarros

L **Relación.** Indica qué palabra o frase de la segunda columna está relacionada con cada palabra o frase de la primera.

____	**1.** andén	**a.** neumático
____	**2.** llanta	**b.** canoa
____	**3.** rayo	**c.** aterrizar
____	**4.** mulas	**d.** casa rodante
____	**5.** calle	**e.** avión pequeño
____	**6.** bote de remo	**f.** eje
____	**7.** vehículo	**g.** pasajeros
____	**8.** avioneta	**h.** ferrocarril
____	**9.** despejar	**i.** camino
____	**10.** transbordador	**j.** carretas

Composición: *opiniones personales*

M **Editorial.** Imagina que trabajas para un diario nicaragüense y tu jefe te ha pedido que escribas un breve editorial sobre el conflicto, a fines del siglo pasado, entre los "contras" y los sandinistas. En una hoja en blanco, desarrolla por lo menos tres puntos sobre los que quieres que reflexionen tus lectores.

Nombre ______________________ Fecha ____________

Sección ______________

¡A escuchar!

Gente del Mundo 21

A **Lempira.** Escucha con atención lo que dicen dos estudiantes y luego marca si cada oración que sigue es **cierta (C), falsa (F)** o si no tiene relación con lo que escuchaste **(N/R).**

C F N/R 1. La moneda nacional de Honduras se llama colón.

C F N/R 2. El lempira tiene el mismo valor monetario que el dólar.

C F N/R 3. Lempira fue el nombre que le dieron los indígenas a un conquistador español.

C F N/R 4. Lempira significa "señor de las sierras".

C F N/R 5. Lempira organizó la lucha de los indígenas contra los españoles en el siglo XIX.

C F N/R 6. Según la leyenda, Lempira murió asesinado por un soldado español cuando negociaba la paz.

Gramática en contexto: *narración descriptiva*

B **La Ceiba.** Escucha lo que te dice un amigo hondureño acerca de una ciudad caribeña de Honduras que vas a visitar en estas vacaciones. Luego indica si la información que sigue es mencionada **(Sí)** o no **(No)** por tu amigo. Escucha una vez más para verificar tus respuestas.

Sí **No** **1.** La Ceiba es la capital del Departamento de Atlántida.

Sí **No** **2.** La Ceiba es un puerto que hoy en día no tiene la importancia que tuvo en el pasado.

Sí **No** **3.** Las islas de la Bahía son solamente dos islas.

Sí **No** **4.** En la plaza principal se ven cocodrilos.

Sí **No** **5.** En la plaza principal hay una estatua del cacique Lempira.

Sí **No** **6.** San Isidro es un pueblito cerca de La Ceiba.

Sí **No** **7.** El festival de San Isidro tiene lugar en el mes de mayo.

Sí **No** **8.** La gente baila durante el festival.

C **Las ruinas de Copán.** Escucha el siguiente texto acerca de las ruinas de Copán y luego selecciona la opción correcta para completar las oraciones que aparecen a continuación. Escucha una vez más para verificar tus respuestas.

1. Las ruinas de Copán representan los restos de...

a. una civilización prehistórica

b. la civilización azteca

c. la civilización maya

2. Las ruinas de Copán están localizadas...

a. en Guatemala

b. muy cerca de la frontera con Guatemala

c. en la frontera, parte en Guatemala y parte en Honduras

3. En 1980 la UNESCO declaró a estas ruinas como...

a. Parque Arqueológico Nacional

b. Patrimonio Cultural de la Humanidad

c. la Atenas del Nuevo Mundo

4. En la Escalera de los Jeroglíficos...

a. se pueden ver representaciones de los gobernantes de Copán

b. se encuentra un altar

c. hay uno de los monumentos históricos más famosos de Copán

Nombre ____________ Fecha ____________

Sección ____________

5. La Gran Plaza y la Acrópolis...

a. no se pueden visitar desde 1980

b. es donde viven ahora los gobernantes de la ciudad

c. son parte del Grupo Principal del Parque Arqueológico

Pronunciación y ortografía

D **Guía para el uso de la letra *s*.** En lecciones previas aprendiste que la **s** tiene sólo un sonido **/s/,** que es idéntico al sonido de la **z** y al de la **c** en las combinaciones **ce** y **ci.** Observa el deletreo de este sonido cuando la narradora lea las siguientes palabras.

/s/	/s/	/s/
de**s**afío	**z**ambo	**ce**nso
sentimiento	**z**acate	des**ce**ndiente
sindicato	**z**ona	**ci**lantro
colap**s**o	mesti**z**o	**ci**neasta
superar	ra**z**a	ve**ci**no
mu**s**ulmán	actri**z**	con**ci**en**ci**a

Ahora escribe las letras que faltan mientras escuchas a los narradores leer las siguientes palabras.

1. a _____ m i r

2. a c u _____ r

3. v i c t o r i o _____

4. _____ g l o

5. _____ n d i n i s t a

6. a b u _____

7. _____ r i e

8. a _____ l t o

9. d e p r e _____ ó n

10. _____ c i e d a d

E **Deletreo con la letra *s*.** Las siguientes terminaciones se escriben siempre con la **s.**

- Las terminaciones **-sivo y -siva**

deci**sivo** pa**sivo** expre**siva** defen**siva**

- La terminación **-sión** añadida a sustantivos que se derivan de adjetivos que terminan en **-so, -sor, -sible, -sivo**

confe**sión** transmi**sión** compren**sión** vi**sión**

- Las terminaciones **-és** y **-ense** para indicar nacionalidad o localidad

holand**és** leon**és** costarri**cense** chihuahu**ense**

- Las terminaciones **-oso** y **-osa**

contagi**oso** estudi**oso** graci**osa** bondad**osa**

- La terminación **-ismo**

capital**ismo** comun**ismo** islam**ismo** barbar**ismo**

- La terminación **-ista**

guitarr**ista** art**ista** dent**ista** futbol**ista**

Ahora escucha a los narradores leer las siguientes palabras y escribe las letras que faltan en cada una.

1. p i a n __ __ __ __
2. c o r d o b __ __
3. e x p l o __ __ __ __
4. p e r e z __ __ __
5. p a r i s i __ __ __ __
6. g a s e __ __ __
7. l e n i n __ __ __ __
8. c o n f u __ __ __ __
9. p o s e __ __ __ __
10. p e r i o d __ __ __ __

Nombre ______________________ Fecha ______________

Sección ______________

UNIDAD 5

LECCIÓN 2

F **Dictado.** Escucha el siguiente dictado e intenta escribir lo más que puedas. El dictado se repetirá una vez más para que revises tu párrafo.

La independencia de Honduras

¡A explorar!

Gramática en contexto: *expresar condiciones, opiniones y esperanzas*

G **Interesado.** Tu sobrino es un muchachito muy interesado. Para descubrir bajo qué condiciones él hace lo que tú le pides, forma oraciones con los elementos dados.

MODELO *no hacerte la cama / a menos que / comprarme (tú) chocolates*
No te hago la cama a menos que tú me compres chocolates.

1. no lavarte el coche / a menos que / darme (tú) cinco dólares

____

____

____

2. comprarte el periódico / con tal que / poder (yo) comprarme un helado

____

____

____

3. no llevarte la ropa a la tintorería / a menos que / llevarme (tú) al cine

____

____

____

4. darte los mensajes telefónicos / con tal que / traerme (tú) chocolates

____

____

____

5. echarte las cartas al correo / con tal que / llevarme (tú) a los juegos de vídeo

____

____

____

Nombre ______________________ Fecha ____________

Sección ____________

UNIDAD 5

LECCIÓN 2

H

Reformas. Los estudiantes expresan opiniones acerca de por qué una reforma agraria que redistribuyera la tierra podría ser útil en muchos países centroamericanos. Completa las oraciones con la forma apropiada del **presente de indicativo** o **de subjuntivo** de los verbos entre paréntesis para saber sus opiniones.

1. Muchos quieren una reforma agraria para que los campesinos ____________________ (ser) dueños de la tierra que trabajan.
2. Se necesita una reforma agraria porque la tierra ____________________ (estar) en manos de unos pocos.
3. Es necesaria una reforma agraria con el fin de que muchas fincas pequeñas ____________________ (conseguir) más tierras.
4. La gente quiere una reforma agraria sin que ____________________ (sufrir) la producción agrícola.
5. Desean una reforma agraria puesto que ____________________ (ayudar) a disminuir el desempleo.

I

Entrevista. Tú y tus amigos hablan de una entrevista de trabajo que tendrán en el curso de la semana. Completa las oraciones con la forma apropiada del **presente de indicativo** o **de subjuntivo** de los verbos entre paréntesis para saber las opiniones y esperanzas expresadas.

1. Creo que me va a ir bien a menos que me ____________________ (poner) muy nervioso.
2. A mí me es difícil responder en las entrevistas sin que el entrevistador me ____________________ (permitir) suficiente tiempo para pensar.
3. Espero hacer un buen papel porque no ____________________ (tener) experiencia previa en entrevistas de trabajo.
4. Ojalá al entrevistador le gusten mis respuestas para que me ____________________ (ofrecer) el trabajo.
5. Puesto que ésta ____________________ (ser) mi primera entrevista, la considero como una oportunidad para aprender.

Vocabulario activo

J **Relación.** Indica la palabra o frase que esté relacionada con la primera palabra o frase de cada lista.

1. salario	beneficio	inversión	crédito	ingreso
2. bolsa	invertir	contratar	proveer	reducir
3. aumentar	aprovechar	incrementar	aportar	detener
4. empresa	tasa	presupuesto	compañía	desempleo
5. capitales extranjeras	presupuesto	bolsa nacional	tasa de crecimiento	compañías multinacionales

K **La economía global.** Encuentra las siguientes palabras en la sopa de letras que figura más adelante. Luego, para encontrar la respuesta a la pregunta que sigue, pon en los espacios en blanco las letras restantes, empezando de izquierda a derecha y de arriba hacia abajo.

ACCIÓN	IMPORTAR
AUMENTAR	INCREMENTAR
BENEFICIO	INGRESO
BOLSA	INVERSIÓN
CONTRATAR	INVERSIONISTA
CONTROLAR	INVERTIR
CRÉDITO	OBRERA
DESEMPLEO	PAÍS
EMPLEO	PRESUPUESTO
EMPRESA	PROVEER
EXPORTAR	TASA

Nombre ______________________ Fecha ____________

Sección ____________

UNIDAD 5
LECCIÓN 2

¡	B	U	C	O	N	T	R	A	T	A	R	A	E
C	O	N	T	R	O	L	A	R	N	O	T	B	S
S	A	U	M	E	N	T	A	R	A	S	A	E	L
I	C	R	E	D	I	T	O	S	I	A	R	N	P
I	N	G	R	E	S	O	L	N	E	E	D	E	R
N	E	C	P	O	I	O	O	O	M	X	E	F	E
V	M	P	R	S	B	I	Y	N	P	P	S	I	S
E	P	A	O	E	S	R	U	E	R	O	E	C	U
R	L	I	V	R	M	A	E	V	E	R	M	I	P
T	E	S	E	A	T	E	C	R	S	T	P	O	U
I	O	V	E	E	C	N	N	C	A	A	L	O	E
R	N	L	R	T	A	S	A	T	I	R	E	O	S
I	I	M	P	O	R	T	A	R	A	O	O	G	T
I	I	N	V	E	R	S	I	O	N	R	N	A	O

¿Cuáles son algunas ventajas de las compañías multinacionales?

Las compañías multinacionales traen:

_ _ _ _ _ _ _ _   _ _ _ _ _ _ _ _ _ _   _

_ _ _ _ _ _   _ _ _ _ _ _ _ _ _ _ _ _ _!

Composición: *la solicitud*

L **Solicitud de empleo.** En una hoja en blanco, escribe una breve carta de solicitud de trabajo con una compañía multinacional. En tu carta, explica por qué quieres trabajar con esta compañía. Trata de impresionar al gerente de personal con todo lo que sabes de los negocios de la compañía en el extranjero.

Nombre ______________________ Fecha ______________

Sección ______________

¡A escuchar!

Gente del Mundo 21

A **Político costarricense.** Escucha con atención lo que les pregunta un maestro de historia a sus estudiantes de una escuela secundaria de San José de Costa Rica. Luego marca si cada oración que sigue es **cierta (C)**, **falsa (F)** o si no tiene relación con lo que escuchaste **(N/R)**.

C F N/R **1.** Óscar Arias Sánchez era presidente de Costa Rica cuando recibió el Premio Nobel de la Paz.

C F N/R **2.** Óscar Arias Sánchez recibió un doctorado honorario de la Universidad de Harvard en el año 1993.

C F N/R **3.** Óscar Arias Sánchez recibió el Premio Nobel de la Paz en 1990.

C F N/R **4.** Recibió este premio por su participación en negociaciones por la paz en Centroamérica.

C F N/R **5.** Estas negociaciones llevaron a un acuerdo de paz que los países de la región firmaron en Washington, D.C.

Gramática en contexto: *narración descriptiva*

B **Costa Rica.** Escucha el siguiente texto acerca de Costa Rica y luego selecciona la opción correcta para completar las oraciones que aparecen a continuación. Escucha una vez más para verificar tus respuestas.

1. Costa Rica, sin ser un país rico, tiene...

a. el mayor índice de analfabetismo de la zona
b. el mayor ingreso nacional *per cápita* de la zona
c. el mayor índice de exportaciones de la zona

2. En Costa Rica se eliminó el ejército...

a. en 1949
b. en 1989
c. hace cien años

3. El dinero dedicado antes al ejército se dedicó luego a...

a. la agricultura
b. la educación
c. la creación de una guardia civil

4. En la historia de Costa Rica predominan...

a. los gobiernos monárquicos
b. los gobiernos dictatoriales
c. los gobiernos democráticos

5. En 1989 Costa Rica celebró...

a. cien años de democracia
b. cuarenta años sin ejército
c. cien años de su independencia de España

C **Tareas domésticas.** A continuación, escucharás a Alfredo decir cuándo va a hacer las tareas domésticas que le han pedido que haga. Escribe la letra del dibujo que corresponde a cada oración que escuchas. Escucha una vez más para verificar tus respuestas.

Nombre ______________________ Fecha ____________

Sección ______________

UNIDAD 5
LECCIÓN 3

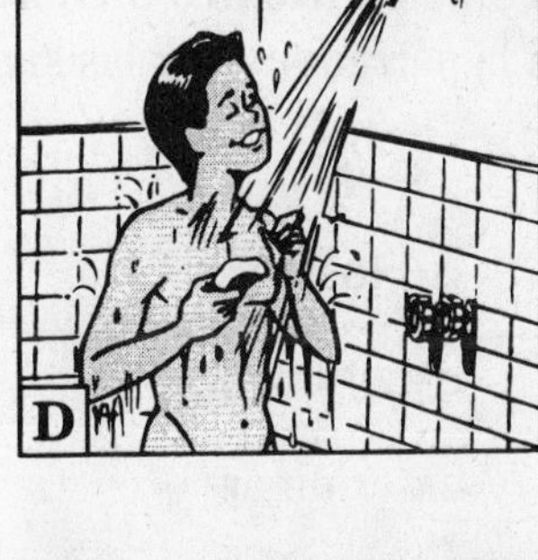

1. ______
2. ______
3. ______
4. ______
5. ______

Pronunciación y ortografía

D **Guía para el uso de la letra *x*.** La **x** representa varios sonidos según en qué lugar de la palabra ocurra. Normalmente representa el sonido **/ks/** como en **exigir.** Frente a ciertas consonantes se pierde la **/k/** y se pronuncia simplemente **/s/** (aspirada) como en **explorar.** En otras palabras se pronuncia como la **j.** Es el sonido fricativo **/x/** como en **México** o **Oaxaca.** Observa el deletreo de este sonido al escuchar a la narradora leer las siguientes palabras.

/ks/	**/s/**	**/x/**
exilio	explosión	Texas
existencia	experiencia	mexicana
éxodo	exterminar	oaxaqueño
máximo	textil	Mexicali
anexión	pretexto	texano
saxofón	excavación	Xavier

Ahora indica si las palabras que dicen los narradores tienen el sonido **/ks/** o **/s/.**

1. **/ks/ /s/**
2. **/ks/ /s/**
3. **/ks/ /s/**
4. **/ks/ /s/**
5. **/ks/ /s/**
6. **/ks/ /s/**
7. **/ks/ /s/**
8. **/ks/ /s/**
9. **/ks/ /s/**
10. **/ks/ /s/**

Nombre ______________________ Fecha ______________

Sección ______________

E **Deletreo con la letra *x*.** La **x** siempre se escribe en ciertos prefijos y terminaciones.

- Con el prefijo **ex-**

  exponer **ex**presiva **ex**ceso **ex**presión

- Con el prefijo **extra-**

  extraordinario **extra**terrestre **extra**legal **extra**sensible

- Con la terminación **-xión** en palabras derivadas de sustantivos o adjetivos terminados en **-je, -jo** o **-xo.**

  refle**xión** (de refle**jo**) cone**xión** (de cone**xo**)

  comple**xión** (de comple**jo**) ane**xión** (de ane**xo**)

Ahora, escucha a los narradores leer las siguientes palabras y escribe las letras que faltan en cada una.

1. ____ p u l s a r
2. ____ a g e r a r
3. ____ p l o s i ó n
4. c r u c i f i ________
5. __________ ñ o
6. r e f l ____ i ó n
7. ____ a m i n a r
8. __________ n j e r o
9. ____ t e r i o r
10. ____ i l i a d o

F **Dictado.** Escucha el siguiente dictado e intenta escribir lo más que puedas. El dictado se repetirá una vez más para que revises tu párrafo.

Costa Rica: país ecologista

Nombre ______________________ Fecha ______________

Sección ______________

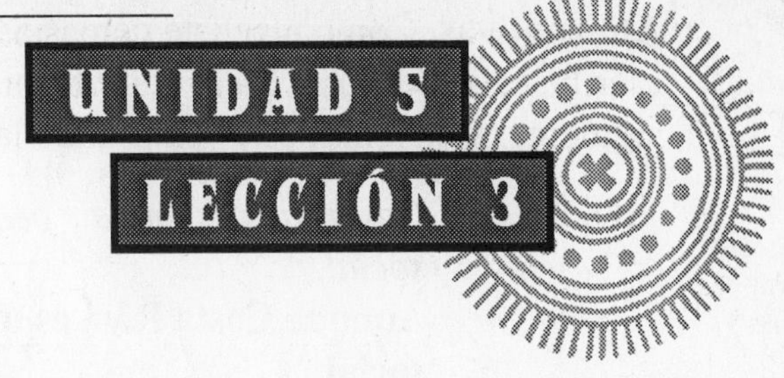

¡A explorar!

Gramática en contexto: *expresar opiniones y hablar del pasado*

G **¿Cuándo es mejor casarse?** La profesora Martínez le preguntó a su clase cuándo es el mejor momento para que una pareja se case. Completa las respuestas que dieron.

MODELO *obtener un buen trabajo*
Cuando obtengan un buen trabajo.

1. Cuando ______________________ (terminar) la escuela secundaria.
2. Cuando ______________________ (graduarse) de la universidad.
3. Cuando ______________________ (tener) por lo menos veinticinco años.
4. Cuando ______________________ (estar) seguros de que están enamorados.
5. Cuando ______________________ (sentir) que pueden afrontar las responsabilidades.

H **Paseo matutino.** Completa la siguiente narración para saber qué hicieron dos turistas al día siguiente de llegar a San José, Costa Rica. Usa el **pretérito** o **el imperfecto de indicativo,** según convenga.

Ayer tuvimos una mañana llena de actividades. Cuando ______________________ (1. salir) del hotel a media mañana nos fuimos a pasear por el centro de San José. Tan pronto como nos ______________________ (2. ver) en medio de los vehículos nos dimos cuenta de que la contaminación del aire es un asunto serio en esta capital centroamericana. Mientras ______________________ (3. caminar), sentíamos que nos comenzaba a doler un poco la cabeza. Cuando ______________________ (4. alcanzar) el Parque Central, decidimos entrar en la catedral. En cuanto ______________________ (5. salir) de la catedral, nos encaminamos hacia la Plaza de la Cultura. Cuando ______________________ (6. llegar) allí, vimos el Museo de Oro, entramos y pasamos una hora muy entretenidos.

I

Alternativas. Como repetiste demasiado la palabra **pero** en un ensayo que escribiste sobre Costa Rica, tu profesora te pide que escribas de nuevo las siguientes oraciones, esta vez usando la palabra **aunque.**

MODELO *Costa Rica es un país pequeño, pero es grande en progreso social.*
Aunque Costa Rica es un país pequeño, es grande en progreso social.

1. Costa Rica sufre deforestación, pero existe también un programa de conservación de los recursos naturales.

____

____

____

____

2. Costa Rica es más grande que El Salvador, pero tiene menos habitantes.

____

____

____

____

3. Costa Rica no tiene ejército, pero tiene una guardia civil.

____

____

____

____

4. La pequeña población indígena costarricense goza de medidas de protección del gobierno, pero no vive en condiciones de vida muy buenas.

____

____

____

____

5. Costa Rica posee vastos depósitos de bauxita, pero no han sido explotados.

____

____

____

____

Nombre ______________________ Fecha ____________

Sección ______________

UNIDAD 5
LECCIÓN 3

6. Los parques nacionales son una gran atracción turística, pero muchos están localizados en lugares remotos.

____

____

____

____

J **Mañana ocupada.** El sábado que viene, Fernando tendrá una mañana muy ocupada. Para saber qué debe hacer, completa los verbos que aparecen entre paréntesis con el **presente de indicativo o de subjuntivo,** según convenga.

El próximo sábado, en cuanto ________________ (1. levantarse), debo llevar a mi hermano al aeropuerto. Cuando ________________ (2. regresar), apenas voy a tener tiempo de tomar un desayuno rápido. Siempre me pongo de mal humor cuando no ________________ (3. tomar) un buen desayuno. Tan pronto como ________________ (4. terminar) de desayunar, voy a llevar a mi hermanita a su partido de fútbol. Mientras ella ________________ (5. jugar) al fútbol, generalmente aprovecho para hacer compras. Cuando ________________ (6. completar) las compras, va a ser la hora de pasar a recoger a mi hermanita. Cuando ________________ (7. llegar) a casa, debo comenzar a pintar mi habitación. En días como éstos, estoy contentísimo cuando ________________ (8. llegar) la noche.

Vocabulario activo

K

Costa Rica. El gobierno costarricense tiene tres departamentos distintos encargados de preservar los bosques tropicales. Pon las letras en orden para saber cuáles son. Luego pon las letras indicadas según los números para formar las palabras que contestan la pregunta final.

1. QAPRESU NENOLASICA
2. VESRASER SAGÓLICIOB
3. SAZNO DREPAITSOG

¿Qué tiene Costa Rica que deberían tener todos los países del mundo?

6 2 7 6 5 1 7 6 5 4 1 6 2 3 9 8 5 6 4

Nombre ______________________________ Fecha ________________

Sección __________________

UNIDAD 5

LECCIÓN 3

L **Relacion.** Indica qué palabra o frase de la segunda columna es la mejor descripción de la palabra o frase de la primera.

____	**1.** derrame de petróleo	**a.**	apropiado desecho de los desperdicios
____	**2.** causa peligro de los rayos equis	**b.**	falta de agua
____	**3.** reciclaje	**c.**	atmósfera
____	**4.** reserva biológica	**d.**	dificultad en respirar
____	**5.** deforestación	**e.**	disminución de capa de ozono
____	**6.** sequía	**f.**	deteriora a monumentos
____	**7.** contaminación de aire	**g.**	amenaza
____	**8.** ambiente	**h.**	contaminación de la tierra o agua
____	**9.** peligro	**i.**	zona protegida
____	**10.** lluvia ácida	**j.**	quema de los árboles

Composición: *argumentos y propuestas*

M **Proteger las últimas selvas tropicales.** En una hoja en blanco, escribe una composición en la que das los argumentos a favor de la protección de las últimas selvas tropicales que todavía quedan en el mundo. ¿Por qué es importante salvar estas regiones de su inminente destrucción? ¿Qué beneficios traería a la humanidad? ¿Qué podemos hacer para proteger estas regiones?

Nombre ______________________________ Fecha ________________

Sección ________________

¡A escuchar!

Gente del Mundo 21

A **Premio Nobel de Literatura.** Escucha lo que un profesor de literatura latinoamericana les pregunta a sus alumnos sobre uno de los escritores latinoamericanos más importantes del siglo XX. Luego marca si cada oración que sigue es **cierta (C), falsa (F)** o si no tiene relación con lo que escuchaste **(N/R).**

C F N/R **1.** Gabriel García Márquez fue galardonado con el Premio Nobel de Literatura en 1982.

C F N/R **2.** Nació en 1928 en Bogotá, la capital de Colombia.

C F N/R **3.** Estudió medicina en las universidades de Bogotá y Cartagena de Indias.

C F N/R **4.** Macondo es un pueblo imaginario inventado por García Márquez.

C F N/R **5.** García Márquez ha vivido más de veinte años en México.

C F N/R **6.** La novela que lo consagró como novelista es *Cien años de soledad,* que se publicó en 1967.

Gramática en contexto: *hablar del futuro*

B **La Catedral de Sal.** Escucha el siguiente texto acerca de la Catedral de Sal de Zipaquirá y luego selecciona la opción que complete correctamente las oraciones que siguen. Escucha una vez más para verificar tus respuestas.

1. La persona que habla viajará por...

a. tren

b. autobús

c. automóvil

2. Si las minas de Zipaquirá se explotaran continuamente, la sal se acabaría en...

a. cien años

b. cincuenta años

c. veinticinco años

3. La catedral está dedicada a...

a. Jesús

b. la Virgen del Rosario

c. los mineros

4. El altar de la catedral es un bloque de sal de...

a. treinta y tres toneladas de peso

b. veintitrés toneladas de peso

c. dieciocho toneladas de peso

5. En la Catedral de Sal hay capacidad para casi...

a. quince mil personas

b. diez mil personas

c. tres mil personas

Nombre ____________________ Fecha ____________

Sección ______________

C **Actividades del sábado.** Rodrigo habla de lo que él y sus amigos harán el sábado que viene. Mientras escuchas lo que dice, ordena numéricamente los dibujos. Ten en cuenta que algunos dibujos quedarán sin numerar. Escucha una vez más para verificar tus respuestas.

A. ________

B. ________

C. ________

D. ________

E. ________

F. ________

G. ________

H. ________

Pronunciación y ortografía

D

Guía para el uso de la letra *g*. El sonido de la **g** varía según dónde ocurra en la palabra, la frase o la oración. Al principio de una frase u oración y después de la **n** tiene el sonido **/g/** (excepto en las combinaciones **ge** y **gi**) como en **grabadora** o **tengo.** Este sonido es muy parecido al sonido de la **g** en inglés. En cualquier otro caso, tiene un sonido más suave **/ǥ/** como en **la grabadora, segunda** o **llegada** (excepto en las combinaciones **ge** y **gi**).

Observa la diferencia entre los dos sonidos cuando la narradora lea las siguientes palabras.

/g/	/ǥ/
pongo	algunos
tengo	lograr
gótico	programa
grande	la grande
ganadero	el ganadero

E

Pronunciación de *ge* y *gi*. El sonido de la ***g*** antes de las vocales **e** o **i** es idéntico al sonido **/x/** de la **j** como en **José** o **justo.** Escucha la pronunciación de **ge** y **gi** en las siguientes palabras.

/x/

gente

inteligente

sumergirse

fugitivo

gigante

Ahora, escucha a los narradores leer las siguientes palabras con los tres sonidos de la letra **g** y escribe las letras que faltan en cada una.

1. o b l i ______ r

2. ______ b i e r n o

3. ______ e r r a

4. p r o t e ______ r

5. s a ______ a d o

6. n e ______ c i a r

7. __________ n t e s c o

8. p r e s t i ______ o s o

9. ______ a v e m e n t e

10. e x a ______ r a r

Nombre ______________________ Fecha ____________

Sección ____________

F

Deletreo con la letra *g*. La **g** siempre se escribe en ciertas raíces y terminaciones y antes de la **u** con diéresis **(ü).**

- En las raíces **geo-, legi-** y **ges-**

geográfico	**legi**slatura	**ges**tación
apo**geo**	**legi**ble	con**ges**tión

- En la raíz **-gen**

generación	**gen**erar	**gen**te

- En los verbos terminados en **-ger, -gir, -gerar** y **-gerir**

reco**ger**	diri**gir**	exa**gerar**	su**gerir**
prote**ger**	corre**gir**	ali**gerar**	in**gerir**

- En palabras que se escriben con **güe o güi**

bilin**güe**	ver**güe**nza	ar**güi**r
averi**güe**	**güe**ro	pin**güi**no

Ahora escucha a los narradores leer las siguientes palabras y escribe las letras que faltan en cada una.

1. ______ l o g í a

2. e n c o ______

3. s u r ______

4. ______ é t i c a

5. e l e ______

6. ________ t i m o

7. ______ r a

8. e x i ______

9. ______ g r a f í a

10. ________ s l a d o r

G **Dictado.** Escucha el siguiente dictado e intenta escribir lo más que puedas. El dictado se repetirá una vez más para que revises tu párrafo.

Guerra de los Mil Días y sus efectos

Nombre ______________________ Fecha ____________

Sección ______________

¡A explorar!

Gramática en contexto: *hablar del futuro, predecir y hacer suposiciones*

H **Deportes.** ¿Qué dicen tus amigos que harán, amantes de los deportes, la tarde del miércoles?

MODELO

Eva

Jugaré al básquetbol. o **Practicaré básquetbol.**

Vocabulario útil

correr en el parque
levantar pesas
escalar montañas
mirar un partido de béisbol
hacer ejercicios aeróbicos
montar a caballo
jugar al tenis
pasear en bicicleta
jugar al fútbol
nadar en la piscina municipal

Carlos

1. ______________________

José Antonio

2. ______________________

Roberta

3. ______________________

Jorge

4. ______________________

Beatriz

5. ______________________

I **Predicciones.** Por curiosidad, vas a ver a una adivina, quien te habla de tu futuro. ¿Qué te dice?

MODELO ____________________ *(casarse) en dos años.*

Te casarás en dos años.

1. ____________________ (Estar) contento con el resultado de tus estudios.
2. ____________________ (Obtener) un trabajo en una gran compañía.
3. ____________________ (Hacer) muchos viajes.
4. ____________________ (Conocer) a tu futuro cónyuge durante uno de esos viajes.
5. ____________________ (Proponerle) matrimonio después de unos meses.
6. ____________________ (Tener) tres hijos.
7. ____________________ (Deber) prestarle atención a tu salud.
8. ____________________ (Ser) feliz.

J **¿Quién será?** Tu profesor de español le dice a la clase que tiene un invitado especial que en unos momentos más va a entrar en la sala. Los estudiantes hacen suposiciones acerca de quién es el huésped.

MODELO *ser una joven*

¿Será una joven?

1. venir de otro país

____

2. hablar español muy rápido

____

3. saber hablar inglés

____

4. poder entender lo que nosotros decimos

____

5. tener nuestra edad

____

6. darnos una charla

____

7. gustarle los deportes

____

Nombre ______________________ Fecha ____________

Sección ______________

K **Drogas.** Selecciona la opción correcta para completar las siguientes oraciones.

1. Una persona que tiene el mal hábito de tomar drogas y no puede resistirlas es un...
   - **a.** narcotraficante
   - **b.** alucinógeno
   - **c.** toxicómano
2. Una persona que vende drogas ilegalmente es un...
   - **a.** drogadicto
   - **b.** narcotraficante
   - **c.** endrogado
3. Estar borracho es igual que...
   - **a.** estar bajo la influencia de narcóticos
   - **b.** ser traficante de drogas
   - **c.** sufrir una sobredosis
4. El tratamiento más común para la drogadicción es...
   - **a.** la sobredosis
   - **b.** el antidepresivo
   - **c.** la desintoxicación
5. La drogadicción es igual que la...
   - **a.** sobredosis
   - **b.** drogodependencia
   - **c.** desintoxicación

L **Lógica.** En cada grupo de palabras, subraya aquélla que no esté relacionada con el resto.

1. sedativo	calmante	anfetamina	heroína	antidepresivo
2. narcotraficante	consumo de drogas	toxicómano	drogo-dependencia	drogadicción
3. alucinógeno	jeringa	ácido	opio	morfina
4. drogadicto	endrogado	estimulante	borracho	toxicómano
5. Programa de Antidrogas	Alcohólicos Anónimos	narcotráfico	Al-Anon	desintoxicación

Composición: *resumen de ideas*

M **Lucha contra el narcotráfico.** En una hoja en blanco, escribe una breve composición en la que das los argumentos para que el gobierno colombiano continúe la lucha contra los traficantes de drogas en Colombia. ¿Por qué es importante que el gobierno de EE.UU. apoye esta lucha? ¿Por qué podemos decir que el tráfico de la droga (por ejemplo, la cocaína) es un problema internacional? ¿Quiénes son los más afectados?

Nombre ______________________________ Fecha ________________

Sección ________________

¡A escuchar!

Gente del Mundo 21

A **Un cantante y político.** Escucha la conversación entre dos panameños, el señor Ordóñez y su hijo Patricio, sobre un cantante que fue candidato a la presidencia de su país. Luego marca si cada oración que sigue es **cierta (C), falsa (F)** o si no tiene relación con lo que escuchaste **(N/R).**

C **F** **N/R** **1.** Patricio Ordóñez apoyaba la candidatura de Rubén Blades.

C **F** **N/R** **2.** Antes de marcharse a Nueva York en 1974, Rubén Blades se recibió de abogado en Panamá.

C **F** **N/R** **3.** Rubén Blades también obtuvo un doctorado en ciencias políticas de la Universidad de Princeton.

C **F** **N/R** **4.** El partido que Rubén Blades fundó llamando *Papá Egoró* significa "Nuestra Madre Tierra".

C **F** **N/R** **5.** El señor Ordóñez cree que Rubén Blades debe presentarse a las próximas elecciones.

Gramática en contexto: *descripción*

B **Los cunas.** Escucha el siguiente texto acerca de los cunas y luego selecciona la respuesta que complete correctamente las oraciones que siguen. Escucha una vez más para verificar tus respuestas.

1. Las islas San Blas se encuentran...

a. al oeste de Colón

b. el este de Colón

c. al norte de Colón

2. El número total de islas es...

a. trescientos sesenta y cinco

b. ciento cincuenta

c. desconocido

3. Entre los grupos indígenas, los cunas sobresalen por...

a. sus orígenes muy antiguos

b. su modo de trabajar el oro

c. su independencia política

4. Las mujeres cunas permanecen la mayor parte del tiempo...

a. en la ciudad de Colón

b. en la ciudad de Panamá

c. en las islas

5. Una parte importante del arte cuna es...

a. la vestimenta de las mujeres

b. la religión

c. el diseño de las casas

Nombre ______________________________ Fecha ______________

Sección ________________

UNIDAD 6
LECCIÓN 2

C **Sueños.** Ahora escucharás a unos estudiantes decir lo que harían con un millón de dólares. Mientras los escuchas, ordena numéricamente los dibujos. Ten en cuenta que algunos dibujos quedarán sin numerar. Escucha una vez más para verificar tus respuestas.

A. ____________

B. ____________

C. ____________

D. ____________

E. ____________

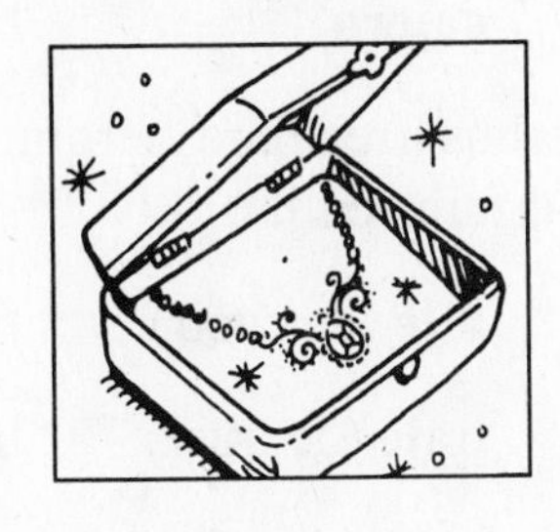

F. ____________

G. ____________

H. ____________

Pronunciación y ortografía

D

Guía para el uso de la letra *j*. En lecciones previas aprendiste que la **j** tiene sólo un sonido **/x/,** que es idéntico al sonido de la **g** en las combinaciones **ge** y **gi.** Observa el deletreo de este sonido al escuchar a la narradora leer las siguientes palabras.

/x/

jardines	o**j**o
mestiza**j**e	**j**udíos
di**j**iste	

Ahora, escucha a los narradores leer las siguientes palabras y escribe las letras que faltan en cada una.

1. ____ n t a

2. f r a n ____

3. e x t r a n ____ r o

4. l e n g u a ____

5. v i a ____ r o

6. h o m e n a ____

7. p o r c e n t a ____

8. ____ b ó n

9. t r a ____

10. ____ l i s c o

E

Deletreo con la letra *j*. La **j** siempre se escribe en ciertas terminaciones y formas del verbo.

- En las terminaciones **-aje,-jero** y **-jería**

mestiz**aje**	extran**jero**	relo**jería**
aprendiz**aje**	ca**jero**	bru**jería**

- En el pretérito de los verbos irregulares terminados en **-cir** y de verbos regulares cuyo radical termina en **j.**

redu**je** (de reducir)	di**je** (de decir)	fi**jé** (de fijar)
produ**je** (de producir)	tra**je** (de traer)	traba**jé** (de trabajar)

Ahora, escucha a los narradores leer las siguientes palabras y escribe las letras que faltan en cada una.

1. c o n s e ________

2. r e d u ________

3. d i ____

4. r e l o ________

5. m e n s ______

6. c o n d u ________

7. p a i s a ____

8. r e l o ________

9. t r a ________

10. m a n e ________

Nombre ______________________ Fecha ______________

Sección ______________

UNIDAD 6
LECCIÓN 2

F **Deletreo del sonido /x/.** Este sonido presenta dificultad al escribirlo cuando precede a las vocales **e** o **i.** Al escuchar a los narradores leer las siguientes palabras, complétalas con **g** o **j,** según corresponda.

1. o r i ___ e n

2. ___u g a d o r

3. t r a d u ___ e r o n

4. r e c o ___ i m o s

5. l e ___ í t i m o

6. t r a b a ___ a d o r a

7. e ___ é r c i t o

8. e x i ___ e n

9. c o n ___ e s t i ó n

10. e n c r u c i ___ a d a

G **Dictado.** Escucha el siguiente dictado e intenta escribir lo más que puedas. El dictado se repetirá una vez más para que revises tu párrafo.

La independencia de Panamá y la vinculación con Colombia

____

____

____

____

____

____

____

____

____

____

____

____

____

____

____

____

____

____

¡A explorar!

Gramática en contexto: *probabilidad*

H **Soluciones.** Un candidato a la presidencia menciona los cambios que introduciría para arreglar los problemas del país.

MODELO *reducir los impuestos*
Reduciría los impuestos.

1. ______________________________ (Defender) los derechos del ciudadano común.

2. ______________________________ (Evitar) los gastos innecesarios.

3. ______________________________ (Proponer) castigos más drásticos para los criminales.

4. ______________________________ (Dar) comida gratuita en las escuelas.

5. ______________________________ (Saber) convencer a los políticos de la oposición.

6. ______________________________ (Desarrollar) la industria nacional.

7. ______________________________ (Ofrecer) incentivos para los pequeños industriales.

8. ______________________________ (Hacer) cambios en la distribución de las riquezas.

Nombre ______________________ Fecha ____________

Sección ______________

UNIDAD 6
LECCIÓN 2

I **Próxima visita.** Un amigo te está contando acerca de una carta que les envió a sus amigos panameños. Para saber lo que dice, completa este párrafo con la forma apropiada del **condicional** de los verbos entre paréntesis.

La semana pasada les escribí a unos amigos que viven en la Ciudad de Panamá. Les comuniqué que __________________ (1. ir) a visitarlos el mes próximo. Les dije que más adelante les __________________ (2. enviar) todos los detalles de mi llegada. Les aseguré que en esta visita __________________ (3. tener) dos semanas, y no dos días, para recorrer el país. Les expliqué que __________________ (4. salir) de la Ciudad de Panamá por unos días porque __________________ (5. visitar) las islas San Blas.

J **Cliente descontento.** Completa el siguiente diálogo en el que un cliente regresa a la tienda para devolver un pantalón. Emplea el **condicional** de los verbos entre paréntesis para indicar cortesía.

CLIENTE: Este pantalón no me queda bien. __________________ (1. Querer) devolverlo.

EMPLEADO: ¿ __________________ (2. Preferir) Ud. cambiarlo por otro?

CLIENTE: No, gracias; no me gusta ninguno. __________________ (3. Desear) recuperar mi dinero. Aquí tiene el recibo.

EMPLEADO: Me __________________ (4. gustar) mucho devolverle su dinero, señor, pero desgraciadamente este recibo es de la tienda de al lado.

CLIENTE: Ah, perdone Ud., no me di cuenta. __________________ (5. Deber) ponerme los lentes cuando leo.

K

Ausencia. Todos están muy extrañados de que Marcos no haya asistido a la reunión del Club de Español, a la cual había prometido asistir sin falta, y piensan en posibles razones por su ausencia.

MODELO *quedarse dormido*
¿Se quedaría dormido?

1. necesitar ocuparse de su hermanito

____

2. creer que la reunión era otro día

____

3. no poder salir del trabajo a esa hora

____

4. tener una emergencia

____

5. descomponérsele el coche

____

Vocabulario activo

L

Relación. Indica qué palabra se asocia con la primera palabra de cada lista.

1. **coser**	tallar	llavero	puntadas	horno
2. **piel**	cuero	tela	tijeras	vidriería
3. **alfarería**	billetera	cerámica	maleta	tejeduría
4. **bordar**	labrar	soplar	aguja	tallar
5. **alfarero**	tarjetero	tallado	bordado	barro

Nombre ______________________ Fecha ______________

Sección ______________

UNIDAD 6
LECCIÓN 2

M **Crucigrama.** De acuerdo con las claves que siguen, completa este crucigrama con palabras sobre la artesanía.

Claves verticales

1. Objeto de cuero que se lleva en la cintura
3. Arte de crear objetos de vidrio
4. Acción de crear imágenes decorativas en madera
5. Instrumento que se usa para cortar tela al coser
6. Arte de crear cestos o canastas
10. Planes decorativos

Claves horizontales

2. Cristal de ventana
7. Arte de crear objetos de barro
8. Acción necesaria para crear objetos de vidrio
9. Cruzar hilos constantemente hasta crear una tela
11. Creaciones de tela típicas de los indígenas cunas
12. Unir por medio de una aguja e hilo
13. Textiles

Composición: *opiniones*

N **Tratados sobre el Canal de Panamá.** En una hoja en blanco, escribe una breve composición en la que usas los argumentos que crees que convencieron al presidente estadounidense Jimmy Carter de firmar en 1977 dos tratados con el gobierno de Panamá. Según estos tratados, el canal sería devuelto a Panamá el 31 de diciembre de 1999. ¿Por qué piensas que fue posible hacer esto?

Nombre ______________________ Fecha ______________

Sección ______________

¡A escuchar!

Gente del Mundo 21

A **Carolina Herrera.** Escucha el siguiente texto acerca de la modista venezolana Carolina Herrera. Luego marca si cada oración que sigue es **cierta (C), falsa (F)** o si no tiene relación con lo que escuchaste **(N/R).**

C **F** **N/R** **1.** El éxito de Carolina Herrera se debe principalmente al dinero de su esposo Reinaldo Herrera.

C **F** **N/R** **2.** Desde niña diseñaba ropa para sus muñecas.

C **F** **N/R** **3.** Carolina Herrera apareció en la Lista de las Mejores Vestidas el mismo año que fue nombrada al *Fashion Hall of Fame.*

C **F** **N/R** **4.** Los diseños de Carolina Herrera son sólo para gente de alta sociedad.

C **F** **N/R** **5.** Carolina Herrera dice que es perfeccionista porque nunca está satisfecha son su trabajo.

Gramática en contexto: *descripción e instrucciones*

B **Colonia Tovar.** Escucha el siguiente texto acerca de un pueblo cercano a Caracas y luego indica si la información que sigue es mencionada **(Sí)** o no **(No)** por la persona que habla. Escucha una vez más para verificar tus respuestas.

Sí **No** **1.** La Colonia Tovar está situada a cincuenta kilómetros de Caracas.

Sí **No** **2.** Hay una iglesia alemana en el pueblo.

Sí **No** **3.** Una excursión a este pueblo es el paseo favorito de los caraqueños.

Sí **No** **4.** Una de las especialidades del pueblo son las salchichas.

Sí **No** **5.** Los colonos originales llegaron allí en el año 1843.

Sí **No** **6.** El gobierno les prometió a los colonos originales que les daría tierras y autonomía.

Sí **No** **7.** Los colonos hablaban un dialecto alemán.

Sí **No** **8.** El nombre del pueblo proviene de la persona que les donó las tierras a los colonos.

C **Boleto del metro.** Vas a escuchar instrucciones para comprar un boleto del metro caraqueño usando una máquina expendedora. Mientras escuchas las instrucciones ordena numéricamente los dibujos correspondientes. Escucha una vez más para verificar tus respuestas.

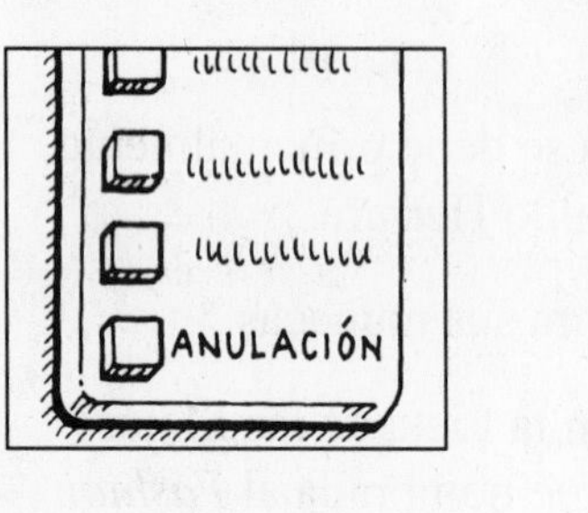

A. ___________

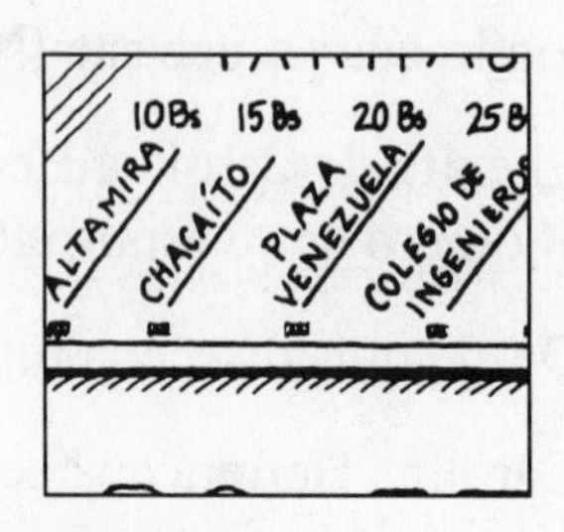

B. ___________

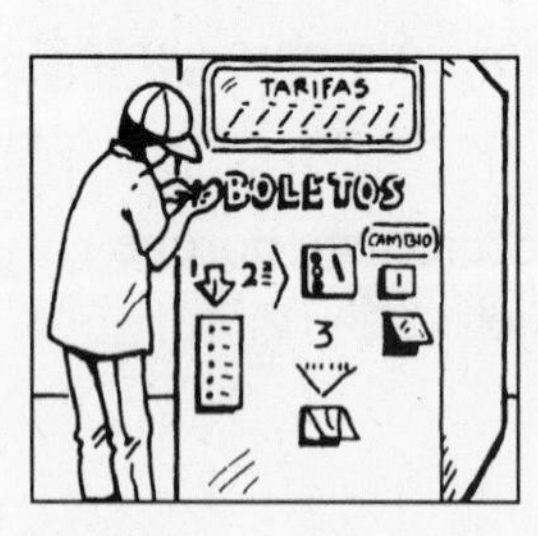

C. ___________

D. ___________

Nombre ______________________ Fecha ____________

Sección ______________

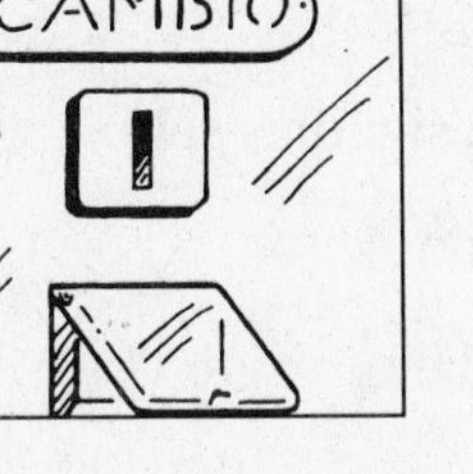

E. ____________

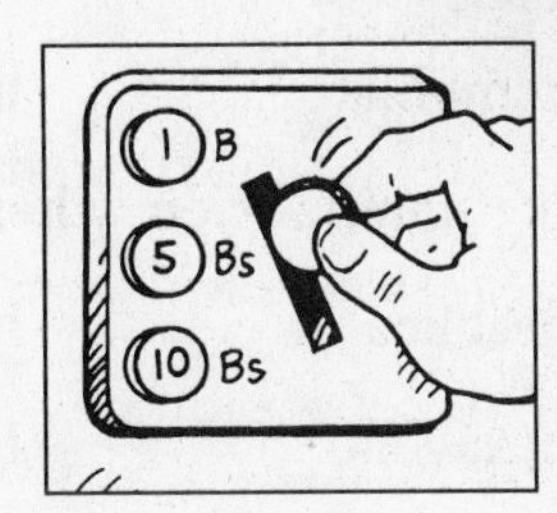

F. ____________

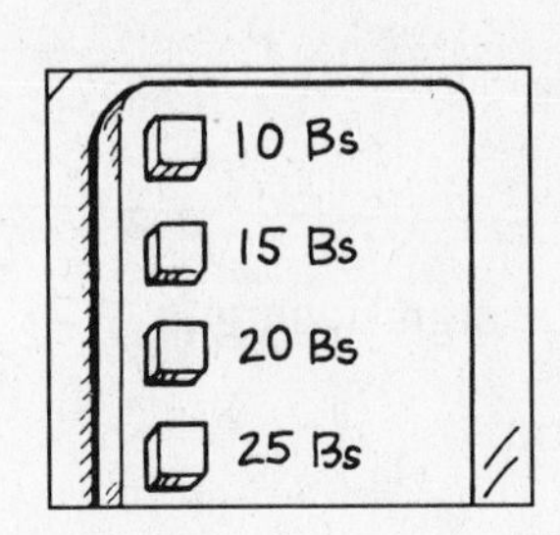

G. ____________

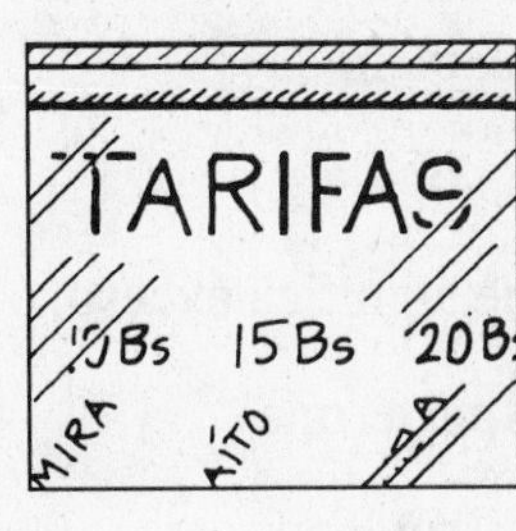

H. ____________

Pronunciación y ortografía

D **Guía para el uso de la letra *h*.** La **h** es muda, no tiene sonido. Sólo tiene valor ortográfico. Observa el deletreo de las siguientes palabras con la **h** mientras la narradora las lee.

hospital　　**h**abitar

humano　　ex**h**austo

a**h**ora

Ahora, escucha a los narradores leer las siguientes palabras y escribe las letras que faltan en cada una.

1. ___ ___ r e d a r
2. p r o ___ ___ b i r
3. r e ___ ___ s a r
4. ___ ___ ___ r r o
5. ___ ___ ___ l g a
6. ___ ___ s t i l i d a d
7. v e ___ ___ m e n t e
8. ___ ___ r o e
9. e x ___ ___ l a r
10. ___ ___ r m i g a

E **Deletreo con la letra *h*.** La **h** siempre se escribe en una variedad de prefijos griegos.

- Con los prefijos **hema-** y **hemo-,** que significan **sangre**

hematología	**hema**tólogo	**hemo**globina
hematosis	**hemo**filia	**hemo**rragia

- Con el prefijo **hecto-,** que significa **cien**, y **hexa-,** que significa **seis**

hectómetro	**hect**área	**hexa**cordo
hectolitro	**hexá**gono	**hexa**sílabo

- Con el prefijo **hosp-,** que significa **huésped,** y **host-,** que significa **extranjero**

hospital	**hosp**icio	**host**ilizar
hospedar	**host**il	**host**ilidad

- Con el prefijo **hiper-,** que significa **exceso,** e **hidro-,** que significa **agua**

hipercrítico	**hiper**termia	**hidro**metría
hipersensible	**hidro**plano	**hidro**terapia

- Con el prefijo **helio-,** que significa **sol,** e **hipo-,** que significa **inferioridad**

heliofísica	**helio**scopio	**hipó**crita
heliografía	**hipo**condrio	**hipo**pótamo

Ahora, escucha a los narradores leer las siguientes palabras y escribe las letras que faltan en cada una.

1. ___ ___ ___ ___ ___ g r a m o
2. ___ ___ ___ ___ ___ t e r a p i a
3. ___ ___ ___ ___ ___ s o l u b l e
4. ___ ___ ___ ___ e d a r
5. ___ ___ ___ ___ ___ s t á t i c a
6. ___ ___ ___ ___ t e n s i ó n
7. ___ ___ ___ ___ ___ g r a f o
8. ___ ___ ___ ___ i t a l i z a r
9. ___ ___ ___ ___ g o n a l
10. ___ ___ ___ ___ t e c a

Nombre ______________________ Fecha ____________

Sección ______________

UNIDAD 6

LECCIÓN 3

F **Dictado.** Escucha el siguiente dictado e intenta escribir lo más que puedas. El dictado se repetirá una vez más para que revises tu párrafo.

El desarrollo industrial

¡A explorar!

Gramática en contexto: *hablar del pasado y expresar condiciones*

G **Padres descontentos.** Tus padres hablaron contigo porque no están contentos con la conducta que has mostrado últimamente. Di qué te pidieron.

MODELO *Me pidieron que ______________ (ser) más responsable.*
Me pidieron que fuera más responsable.

1. Me pidieron que ____________________ (distribuir) mejor mi tiempo.
2. Me pidieron que ____________________ (leer) más libros en vez de revistas.
3. Me pidieron que ____________________ (ayudar) más en las tareas del hogar.
4. Me pidieron que no ____________________ (poner) la ropa en la sala de estar.
5. Me pidieron que no ____________________ (pelearme) con mi hermanita.

H **Vida poco activa.** Explica bajo qué condiciones harías más actividad física.

MODELO *participar en más deportes / ser más coordinado(a)*
Participaría en más deportes si fuera más coordinado(a).

1. jugar al golf / tener dinero para el equipo

____

____

2. ir a pescar / vivir más cerca del río

____

____

3. correr por el parque / poder hacerlo con unos amigos

____

____

Nombre ______________________ Fecha ____________

Sección ____________

4. ir a acampar / soportar dormir sobre el suelo

____

____

5. meterse en una balsa / saber nadar

____

____

Vocabulario activo

I

Lógica. En cada grupo de palabras, subraya aquélla que no esté relacionada con el resto.

1. aire	agua	tierra	árbol	fuego
2. abedul	roble	alce	arce	pino
3. conejo	lirio	narciso	clavel	girasol
4. ardilla	puma	pavo	oso	venado
5. cinc	zafiro	estaño	hierro	plomo

J

Relación. Indica qué palabra de la segunda columna está relacionada con cada palabra o frase de la primera.

____	**1.** piedras preciosas	**a.** orquídea, oso
____	**2.** metales	**b.** lirio, margarita
____	**3.** recursos naturales	**c.** plata, oro
____	**4.** animales	**d.** jade, ópalo, rubí
____	**5.** flores	**e.** alce, ardilla
____	**6.** árboles	**f.** petróleo, carbón, uranio
____	**7.** flora y fauna	**g.** hierro, estaño, cobre
____	**8.** metales preciosos	**h.** roble, abedul

Composición: *descripción*

K **Falta de recursos naturales.** EE.UU. es un país dotado de recursos naturales, lo cual ha facilitado su grandeza. ¿Cómo sería EE.UU. sin los recursos naturales que actualmente existen? ¿Dónde conseguiría recursos esenciales como petróleo y hierro? ¿Cuánto le costarían y cómo los pagaría? Escribe una descripción de cómo sería este país bajo esas condiciones.

Nombre ______________________ Fecha ______________

Sección ______________

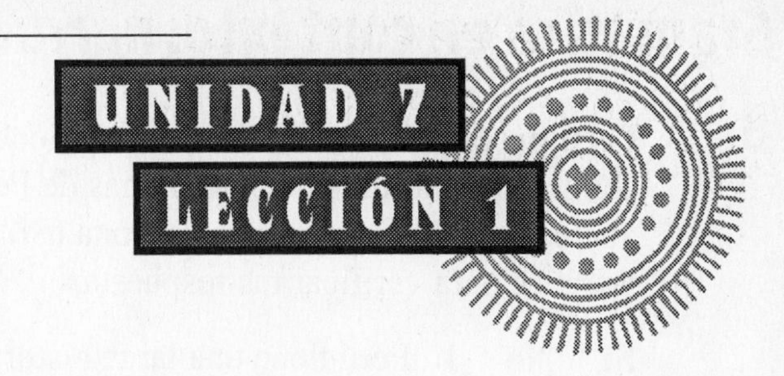

¡A escuchar!

Gente del Mundo 21

A **Político peruano.** Escucha lo que discute una pareja de peruanos sobre la labor realizada en el Perú por el presidente Alberto Fujimori. Luego marca si cada oración que sigue es **cierta (C), falsa (F)** o si no tiene relación con lo que escuchaste **(N/R).**

C **F** **N/R** **1.** El presidente Alberto Fujimori es ingeniero.

C **F** **N/R** **2.** La agrupación que lo postuló como candidato para las elecciones presidenciales de 1990 se llamaba "Cambio 90".

C **F** **N/R** **3.** María está convencida de que el gobierno de Fujimori necesitaba disolver el congreso en 1991.

C **F** **N/R** **4.** "Sendero Luminoso" es un grupo terrorista que tiene más de 5.000 guerrilleros izquierdistas.

C **F** **N/R** **5.** El gobierno de Fujimori no ha podido capturar al líder de "Sendero Luminoso".

C **F** **N/R** **6.** Antonio piensa que el gobierno de Fujimori está haciendo un buen papel.

Gramática en contexto: *narración y permisos*

B **Perú precolombino.** Escucha el siguiente texto acerca de la dificultad de conocer las culturas precolombinas de Perú. Luego indica si la información que aparece a continuación se menciona **(Sí)** o no **(No)** en el texto. Escucha una vez más para verificar tus respuestas.

Sí No **1.** Perú tiene una larga historia desde mucho antes de la llegada de los españoles.

Sí No **2.** Los incas no dejaron documentos escritos.

Sí No **3.** La historia de la cultura chimú es fascinante.

Sí No **4.** Los huaqueros saquean excavaciones arqueológicas.

Sí No **5.** Tal como los terremotos destruyen ciudades en la actualidad, también pueden haber destruido ciudades en tiempos antiguos.

Sí No **6.** El aporte de la cultura africana no es importante en Perú.

C **Abuelos tolerantes.** Escucha lo que dice Claudio acerca de lo que sus abuelos les permitían hacer a él y a sus hermanos cuando, de niños, iban a visitarlos. Mientras escuchas, ordena numéricamente los dibujos. Ten en cuenta que algunos dibujos quedarán sin numerar. Escucha una vez más para verificar tus respuestas.

A. ________

B. ________

C. ________

D. ________

E. ________

F. ________

Nombre ______________________ Fecha ____________

Sección ____________

G. ________ H. ________

Pronunciación y ortografía

D **Guía para el uso de la letra *y*.** La **y** tiene dos sonidos. Cuando ocurre sola o al final de una palabra tiene el sonido **/i/,** como en **fray** y **estoy.** Este sonido es idéntico al sonido de la vocal **i.** En todos los otros casos tiene el sonido **/y/,** como en **ayudante** y **yo.** (Este sonido puede variar, acercándose en algunas regiones al sonido *sh* del inglés.) Observa el deletreo de estos sonidos al escuchar a la narradora leer las siguientes palabras.

/i/	/y/
y	ensa**y**o
so**y**	apo**y**ar
virre**y**	**y**erno
Urugua**y**	a**y**uda
mu**y**	le**y**es

Ahora escucha a los narradores leer palabras con los dos sonidos de la letra **y** e indica si el sonido que escuchas en cada una es **/i/** o **/y/.**

1. /i/ /y/
2. /i/ /y/
3. /i/ /y/
4. /i/ /y/
5. /i/ /y/
6. /i/ /y/
7 /i/ /y/
8. /i/ /y/
9. /i/ /y/
10. /i/ /y/

E **Deletreo con la letra *y*.** La **y** siempre se escribe en ciertas palabras y formas verbales y en ciertas combinaciones.

- En ciertas palabras que empiezan con **a**

ayer	**ay**uda	**ay**uno
ayunar	**ay**untar	**ay**udante

- En formas verbales cuando la letra **i** ocurriría entre dos vocales y no se acentuaría

leyendo (de leer)	**oye**n (de oír)
h**aya** (de haber)	**cayó** (de caer)

- Cuando el sonido **/i/** ocurre al final de una palabra y no se acentúa. El plural de sustantivos en esta categoría también se escribe con **y.**

esto**y**	re**y**	le**y**	virre**y**
voy	re**y**es	le**y**es	virre**y**es

Ahora escucha a los narradores leer las siguientes palabras y escribe las letras que faltan en cada una.

1. _____ u n a s
2. h _____
3. c a _____________
4. b u e ________
5. h u ________
6. P a r a g u _____
7. r e ________
8. _____ a c u c h a n o
9. v a ________
10. _____ u d a n t e

Nombre ____________________ Fecha ____________

Sección ____________

UNIDAD 7

LECCIÓN 1

F **Dictado.** Escucha el siguiente dictado e intenta escribir lo más que puedas. El dictado se repetirá una vez más para que revises tu párrafo.

Las grandes civilizaciones antiguas de Perú

¡A explorar!

Gramática en contexto: *expresar pedidos, temores y decisiones*

G **Tarea.** El profesor les pidió a los estudiantes que hicieran algunas tareas. Completa los espacios en blanco para saber qué les dijo.

MODELO *El profesor les pidió que ____________________ (preparar) el capítulo 7.*
El profesor les pidió que prepararan el capítulo 7.

1. El profesor les pidió que ____________________ (repasar) la lección anterior.
2. El profesor les pidió que ____________________ (escribir) las respuestas a los ejercicios A y B.
3. El profesor les pidió que ____________________ (leer) el texto de la página 322.
4. El profesor les pidió que ____________________ (hacer) un trabajo escrito.
5. El profesor les pidió que ____________________ (traer) el diccionario a la próxima clase.
6. El profesor les pidió que ____________________ (estar) preparados para una breve prueba.

H **Temores.** Tú y tus amigos hablan de las dudas y temores que tuvieron antes de un viaje que hicieron en grupo.

MODELO *pensar / el viaje no realizarse*
Pensábamos que el viaje no se realizaría.

1. pensar / alguien poder enfermarse

____

____

2. temer / el vuelo ser cancelado

____

____

3. dudar / todos llegar al aeropuerto a la hora correcta

____

____

4. estar seguros / alguien olvidar el pasaporte

____

____

5. temer / un amigo cambiar de opinión a última hora y decidir no viajar

____

____

I

Coches. El coche de tu mejor amiga ya no funciona muy bien. Completa el texto que sigue con el **imperfecto de indicativo** o **de subjuntivo** de los verbos entre paréntesis, según convenga, para saber qué decide hacer.

Tenía un coche que me ________________ (1. dar) muchos problemas. Algunas mañanas no ________________ (2. partir). Otras veces el motor ________________ (3. hacer) unos ruidos horribles. Decidí buscar un coche que no ________________ (4. ser) tan viejo como el mío; uno que ________________ (5. estar) en buenas condiciones, que no ________________ (6. gastar) mucha gasolina y por el cual su dueño no ________________ (7. pedir) mucho dinero.

Vocabulario activo

J **El cuerpo humano.** Escribe el nombre de las partes del cuerpo señaladas aquí.

Nombre ____________________________ Fecha _______________

Sección _________________

UNIDAD 7

LECCIÓN 1

K **Antónimos.** Indica qué palabra o frase de la segunda columna tiene el sentido opuesto de cada palabra o frase de la primera.

____	**1.** respirar	**a.** con soltura
____	**2.** caminar	**b.** levantar pesas
____	**3.** erguido	**c.** doblar
____	**4.** levantar	**d.** correr
____	**5.** estirar	**e.** descansar
____	**6.** carreras	**f.** exhalar
____	**7.** hacer ejercicio aeróbico	**g.** bajar
____	**8.** hacer ejercicio	**h.** caminatas

Composición: *hipotetizar*

L **El Imperio Inca en el Mundo 21.** Imagina que los españoles nunca descubrieron el Imperio Inca y que éste continuó desarrollándose a lo largo de los siglos. ¿Cómo crees que sería tal imperio hoy, en el siglo XXI? ¿Qué avances habrían alcanzado los incas en las áreas de agricultura, arquitectura y comunicaciones? ¿Cuál sería la extensión del imperio? Escribe una composición que se enfoca en estas preguntas.

Nombre ______________________ Fecha ____________

Sección ____________

UNIDAD 7
LECCIÓN 2

¡A escuchar!

Gente del Mundo 21

A **Político ecuatoriano.** Escucha lo que una profesora de ciencias políticas de la Universidad de Guayaquil les dice a sus alumnos sobre un político ecuatoriano. Luego marca si cada oración que sigue es **cierta (C), falsa (F)** o si no tiene relación con lo que escuchaste **(N/R).**

C F N/R **1.** Cuando Sixto Durán Ballén nació en Boston, EE.UU., su papá era cónsul de Ecuador en esa ciudad.

C F N/R **2.** Sixto Durán Ballén estudió medicina en la Universidad de Columbia en Nueva York.

C F N/R **3.** Se graduó con muchos honores académicos en la Universidad de Columbia.

C F N/R **4.** Fue Ministro de Obras Públicas a los 35 años.

C F N/R **5.** También fue alcalde de la ciudad de Guayaquil.

C F N/R **6.** Ganó las elecciones presidenciales de 1992 con el 58 por ciento de los votos.

Gramática en contexto: *descripción*

B **Otavalo.** Escucha el texto sobre Otavalo y luego indica si las oraciones que siguen son **ciertas (C)** o **falsas (F).** Escucha una vez más para verificar tus respuestas.

C F 1. Hay aproximadamente 40.000 personas en Otavalo.

C F 2. Rumiñahui era amigo de los incas.

C F 3. Otavalo queda al nivel del mar.

C F 4. El mercado de artesanías tiene lugar los sábados.

C F 5. Los otavalos usan pantalones blancos.

C F 6. La persona que habla compró un poncho.

C F 7. La persona que habla regateó mucho antes de pagar.

C **Excursión.** Tus amigos te dejaron mensajes telefónicos diciéndote cuándo saldrían de casa para una excursión que preparan. Mientras escuchas sus mensajes ordena numéricamente los dibujos. Ten en cuenta que algunos dibujos quedarán sin numerar. Escucha una vez más para verificar tus respuestas.

A. ____________ **B.** ____________

C. ____________ **D.** ____________

Nombre ______________________ Fecha ____________

Sección ____________

E. ____________ **F.** ____________

G. ____________ **H.** ____________

Pronunciación y ortografía

D **Guía para el uso de la letra *ll*.** La **ll** tiene el mismo sonido que la **y** en palabras como **yo** y **ayuda.** Observa el uso de la **ll** al escuchar a la narradora leer las siguientes palabras.

/y/

llaneros

llaves

llegada

bata**ll**a

caudi**ll**o

E **Deletreo con la letra *ll*.** La **ll** siempre se escribe con ciertos sufijos y terminaciones.

- Con las terminaciones **-ella** y **-ello**

b**ella**	estr**ella**	cu**ello**
donc**ella**	cab**ello**	s**ello**

- Con los diminutivos **-illo, -illa, -cillo** y **-cilla**

Juan**illo**	chiqu**illa**	raton**cillo**
picad**illo**	calzon**cillo**	rincon**cillo**

Ahora, escucha a los narradores leer las siguientes palabras y escribe las letras que faltan en cada una.

1. r a b ____________
2. t o r r e ______________
3. p i l o n ______________
4. t o r t ____________
5. r a s t r ____________
6. c o n e j ____________
7. m a r t ____________
8. l a d r ____________
9. p a j a r ____________
10. p i e c ______________

Nombre ______________________ Fecha ____________

Sección ______________

UNIDAD 7

LECCIÓN 2

F **Deletreo con las letras *y* y *ll*.** Debido a que tienen el mismo sonido, la **y** y la **ll** con frecuencia presentan dificultades ortográficas. Escucha a los narradores leer las siguientes palabras con el sonido **/y/** y complétalas con **y** o con **ll,** según corresponda.

1. o r i ______ a
2. ______ e r n o
3. m a ______ o r í a
4. b a t a ______ a
5. l e ______ e s
6. c a u d i ______ o
7. s e m i ______ a
8. e n s a ______ o
9. p e s a d i ______ a
10. g u a ______ a b e r a

G **Dictado.** Escucha el siguiente dictado e intenta escribir lo más que puedas. El dictado se repetirá una vez más para que revises tu párrafo.

Época más reciente

Nombre ______________________ Fecha ______________

Sección ______________

UNIDAD 7

LECCIÓN 2

¡A explorar!

Gramática en contexto: *condiciones y promesas*

H **Invitación rechazada.** Tienes dos entradas para una obra de teatro. Invitas a varios amigos pero ninguno puede asegurarte que irá contigo. ¿Por qué no?

MODELO *Benito acompañarme / en caso de que / el concierto ser otro día*
Benito dijo que me acompañaría en caso de que el concierto fuera otro día.

1. Ernestina ir / con tal de que / no tener que salir con una amiga

____

____

____

2. Sergio ver la obra / en caso de que / el patrón no llamarlo para trabajar esa noche

____

____

____

3. Pilar salir conmigo / con tal de que / yo invitar a su novio también

____

____

____

4. Pablo no salir de su cuarto / sin que / el trabajo de investigación quedar terminado

____

____

____

5. Rita acompañarme / a menos que / su madre necesitarla en casa

____

____

____

I

Promesas. ¿Cuándo prometiste que harías las siguientes actividades?

MODELO *Prometí que haría las compras en cuanto _________ (escribir) unas cartas.*
Prometí que haría las compras en cuanto escribiera unas cartas.

1. Prometí que haría un pastel después que ____________________ (bañarme) y ____________________ (arreglarme).
2. Prometí que daría un paseo cuando el mecánico ____________________ (entregarme) el coche.
3. Prometí que iría a la farmacia tan pronto como ____________________ (leer) el periódico.
4. Prometí que haría la cena en cuanto ____________________ (terminar) de lavar la ropa.
5. Prometí que jugaría al fútbol cuando ____________________ (volver) del banco.

J

Ayuda. Tienes una fiesta el sábado que viene. Tus amigos te dicen si pueden o no venir a ayudarte con los preparativos. Completa con el **imperfecto de indicativo** o **de subjuntivo,** según convenga.

1. Graciela me dijo que llegaría tan pronto como ____________________ (desocuparse) en su casa.
2. Adriana me dijo que no vendría porque su padre no ____________________ (sentirse) bien y ella ____________________ (necesitar) cuidarlo.
3. Guillermo me dijo que llegaría después de que las clases ____________________ (terminar).
4. Ramiro me dijo que llegaría tarde ya que normalmente ____________________ (trabajar) horas extras.
5. Laura me dijo que llegaría antes de que ____________________ (comenzar) a llegar los invitados.
6. Horacio y David me dijeron que vendrían después de que ____________________ (hacer) unas compras.

Nombre ______________________ Fecha ____________

Sección ______________

UNIDAD 7

LECCIÓN 2

Vocabulario activo

K **Lógica.** En cada grupo de palabras, subraya aquélla que no esté relacionada con el resto.

1. asado	tamborilero	barbacoa	parrillada
2. Noche Buena	Carnaval	Cuaresma	Miércoles de Ceniza
3. sonrisas	alegría	ambiente festivo	Día de los Muertos
4. Día del santo	Noche Buena	Navidad	Día de los Reyes Magos
5. disfraz	desfile	Carnaval	Día de las Madres

L **Palabras cruzadas.** Completa este juego de palabras con el vocabulario activo de esta lección. Para contestar la pregunta al final, completa la frase que sigue, colocando en los espacios en blanco las letras correspondientes a los números indicados.

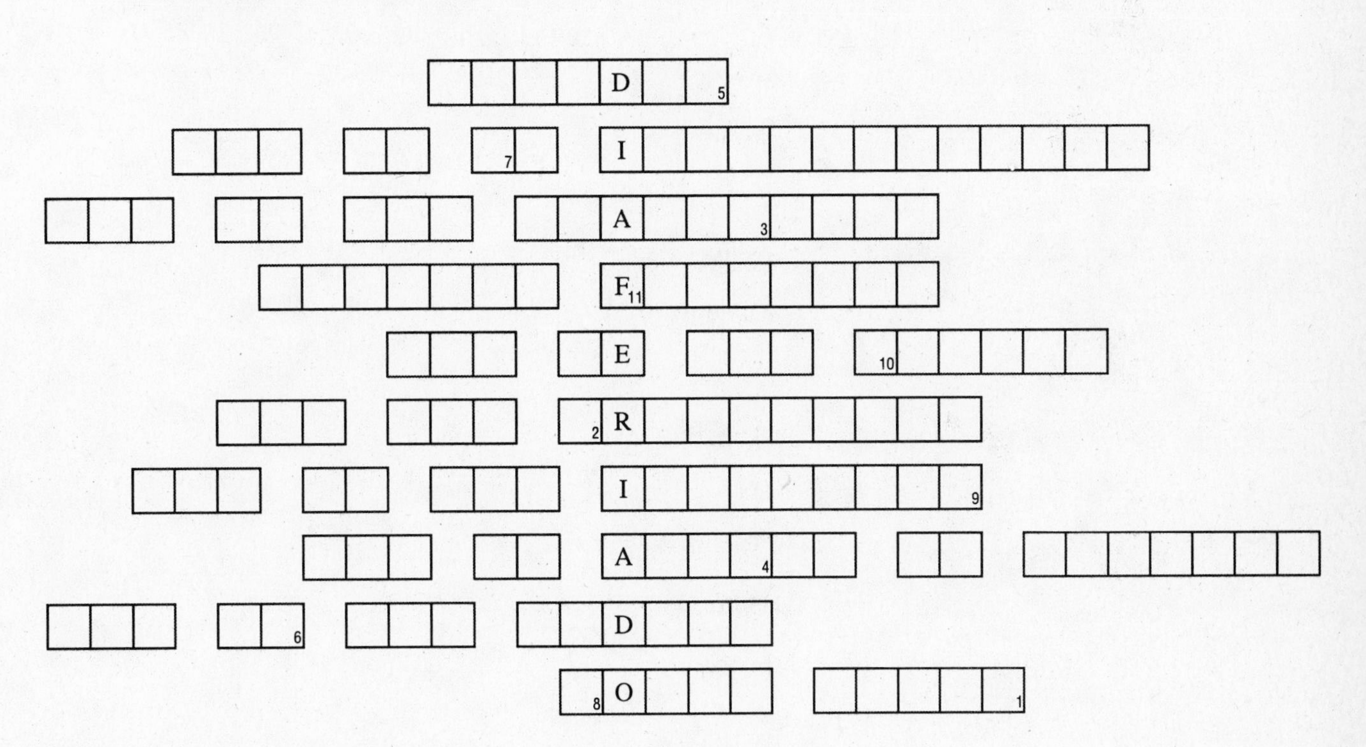

¿Qué es lo más importante en cualquier día feriado?

¡Ten___r ___ ___o___a la ___a___i___ ___a
(6) (1) (2) (5) (11) (10) (7) (4)

p___e___e___te!
(3) (9) (8)

Composición: *narración descriptiva*

M **Diario.** Imagina que eres el naturalista Charles Darwin y en octubre de 1835 te encuentras en el barco inglés "Beagle" frente a la costa de una de las islas Galápagos. En una hoja en blanco, describe las primeras impresiones que tuviste al recorrer por primera vez una de estas islas.

Nombre ______________________ Fecha ____________

Sección ______________

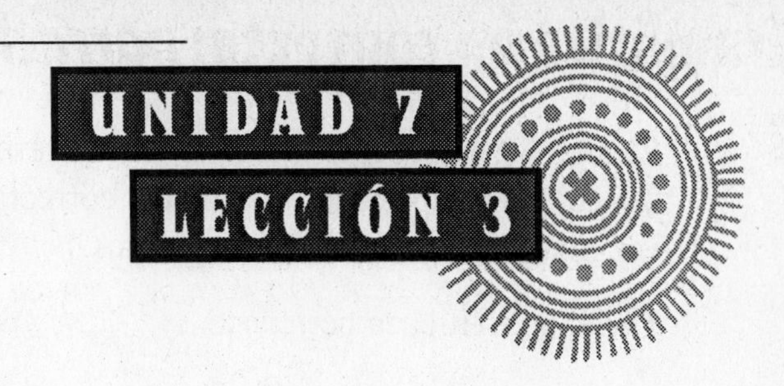

¡A escuchar!

Gente del Mundo 21

A **Líder boliviano.** Escucha lo que una profesora de historia latinoamericana les dice a sus alumnos sobre un importante líder político boliviano. Luego marca si cada oración que sigue es **cierta (C), falsa (F)** o si no tiene relación con lo que escuchaste **(N/R).**

C F N/R **1.** Víctor Paz Estenssoro cursó la carrera de derecho y fue profesor de la Universidad de San Andrés, en La Paz.

C F N/R **2.** Víctor Paz Estenssoro ganó las elecciones de 1951 con el 80 por ciento de los votos.

C F N/R **3.** Aunque ganó las elecciones de 1951 no llegó al poder hasta 1952, después de un golpe de estado.

C F N/R **4.** Las reformas realizadas por Paz Estenssoro durante su primer gobierno constituyeron la Revolución Nacional Boliviana de 1952.

C F N/R **5.** La última vez que fue elegido presidente fue en 1960.

C F N/R **6.** Su hijo Jaime Paz Zamora fue elegido presidente en 1989.

Gramática en contexto: *narración descriptiva*

B **El lago Titicaca.** Escucha el siguiente texto acerca del lago Titicaca y luego selecciona la opción que complete correctamente la información. Escucha una vez más para verificar tus respuestas.

1. El lago Titicaca pertenece...

a. exclusivamente a Perú

b. exclusivamente a Bolivia

c. tanto a Perú como a Bolivia

2. El lago Titicaca está a ... metros sobre el nivel del mar.

a. 3.800

b. 2.800

c. 1.800

3. En su parte más ancha, el lago mide...

a. 171 kilómetros

b. 64 kilómetros

c. 74 kilómetros

4. Los indígenas que viven junto al lago crían...

a. vacas

b. llamas

c. cerdos

5. En el lago hay islas con...

a. tesoros arqueológicos

b. grandes bosques

c. mucha vegetación

Nombre ______________________ Fecha ____________

Sección ______________

Pronunciación y ortografía

C **Guía para el uso de la *r* y la *rr*.** La **r** tiene dos sonidos, uno simple **/r̆/,** como en **cero, altura** y **prevalecer,** y otro múltiple **/r̃/,** como en **cerro, guerra** y **renovado.** Ahora, al escuchar a la narradora leer las siguientes palabras, observa que el deletreo del sonido **/r̆/** siempre se representa por la **r** mientras que el sonido **/r̃/** se representa tanto por la **rr** como por la **r.**

/r̆/	**/r̃/**
co**r**azón	**r**eunión
abst**r**acto	**r**evuelta
he**r**ede**r**o	**r**eclamo
emp**r**esa	ba**rr**io
flo**r**ece**r**	desa**rr**ollo

Ahora escucha a los narradores leer las siguientes palabras con los dos sonidos de la **r** e indica si el sonido que escuchas es **/r̆/** o **/r̃/.**

1. **/r̆/** **/r̃/**
2. **/r̆/** **/r̃/**
3. **/r̆/** **/r̃/**
4. **/r̆/** **/r̃/**
5. **/r̆/** **/r̃/**
6. **/r̆/** **/r̃/**
7. **/r̆/** **/r̃/**
8. **/r̆/** **/r̃/**
9. **/r̆/** **/r̃/**
10. **/r̆/** **/r̃/**

D **Deletreo con los sonidos */r̆/* y */r̃/*.** Las siguientes reglas de ortografía determinan cuándo se debe usar una **r** o una **rr.**

- La letra **r** tiene el sonido **/r̆/** cuando ocurre entre vocales, antes de una vocal o después de una consonante excepto **l, n,** o **s.**

  ant**eri**or   aut**ori**dad   ni**tra**to
  periodismo   **ori**ente   **cru**zar

- La letra **r** tiene el sonido **/r̃/** cuando ocurre al principio de una palabra.

  residir   **r**atifica   **r**eloj   **r**ostro

- La letra **r** también tiene el sonido **/r̃/** cuando ocurre después de la **l, n,** o **s.**

  a**lr**ededor   e**nr**iquecer   ho**nr**ar   de**sr**atizar

- La letra **rr** siempre tiene el sonido **/r̄/**.

  der**r**ota enter**r**ado hie**rr**o te**rr**emoto

- Cuando una palabra que empieza con **r** se combina con otra para formar una palabra compuesta, la **r** inicial se duplica para conservar el sonido **/r̄/** original.

  costa**rr**icense multi**rr**acial infra**rr**ojo vi**rr**ey

Ahora, escucha a los narradores leer las siguientes palabras y escribe las letras que faltan en cada una.

1. t ___ ___ ___ ___ t ___ ___ ___ o
2. E ___ ___ ___ q u e t a
3. ___ ___ ___ ___ v ___ ___ ___ n t e
4. ___ ___ ___ s p e ___ ___ ___
5. f ___ ___ ___ ___ c ___ ___ ___ ___ l
6. ___ ___ ___ o l u c i ó n
7. i n t ___ ___ ___ ___ m p i ___
8. f u ___ ___ ___ a
9. s ___ ___ ___ i e n t e
10. e ___ ___ ___ q u e c ___ ___ s e

E **Deletreo de palabras parónimas.** Dado que tanto la **r** como la **rr** ocurren entre vocales, existen varios pares de palabras parónimas, o sea idénticas excepto por una letra, por ejemplo **coro** y **corro.** Mientras los narradores leen las siguientes palabras parónimas, escribe las letras que faltan en cada una.

1. p e ______ o p e ______ o
2. c o ______ a l c o ______ a l
3. a h o ______ a a h o ______ a
4. p a ______ a p a ______ a
5. c e ______ o c e ______ o
6. h i e ______ o h i e ______ o
7. c a ______ o c a ______ o
8. f o ______ o f o ______ o

Nombre ______________________ Fecha ______________

Sección ______________

UNIDAD 7

LECCIÓN 3

F **Dictado.** Escucha el siguiente dictado e intenta escribir lo más que puedas. El dictado se repetirá una vez más para que revises tu párrafo.

Las consecuencias de la independencia en Bolivia

¡A explorar!

Gramática en contexto: *hablar de lo que has o no has hecho y reaccionar a lo recién ocurrido*

G **Buenas y malas noticias.** Di si reaccionaste con alegría o con pena a las siguientes noticias que te dio un amigo.

MODELO AMIGO: *Vendí mi automóvil ayer.*
TÚ: **Me alegra que hayas vendido tu automóvil ayer.** o
Es una lástima que hayas vendido tu automóvil ayer.

Vocabulario útil

me alegra que	es una lástima que	es triste que
es importante que	es terrible que	no es bueno que
es bueno que	es fantástico que	es malo que

1. Encontré un trabajo de tiempo parcial.

____
____
____
____

2. No me sentí muy bien ayer.

____
____
____
____

3. Me fue bien en el examen de español.

____
____
____
____

Nombre ______________________ Fecha ____________

Sección ____________

UNIDAD 7
LECCIÓN 3

4. Recibí un regalo de mi mejor amigo(a).

____

____

____

____

5. Tuve una discusión con mis padres.

____

____

____

____

6. Anoche no pude ir al concierto de mi grupo favorito.

____

____

____

____

H **Visita a Bolivia.** ¿Qué dice tu amigo sobre la visita de sus padres a Bolivia? Para saberlo, completa el siguiente texto con el **presente perfecto de indicativo** o **de subjuntivo** de los verbos entre paréntesis, según convenga.

Mis padres ____________ ____________________ (1. visitar) Bolivia dos veces. Dicen que ____________ ____________________ (2. estar) principalmente en La Paz y lamentan que nunca ____________ ____________________ (3. poder) subir a Tiahuanaco. Hasta ahora no ____________ ____________________ (4. sufrir) de soroche y no creen que la altura los ____________ ____________________ (5. afectar) mucho. Están contentos porque ____________ ____________________ (6. conocer) a algunos bolivianos muy simpáticos con los cuales ____________ ____________________ (7. pasear) por varios lugares de La Paz.

Vocabulario activo

I **Lógica.** En cada grupo de palabras, subraya aquélla que no esté relacionada con el resto.

1. calzones	sostén	pantimedias	volantes
2. chaqueta	gafas	impermeable	abrigo
3. lunares	algodón	lana	seda
4. pantuflas	botas	chanclas	tallas
5. encaje	vaqueros	mezclilla	jeans

Nombre ____________________ Fecha ____________

Sección ____________

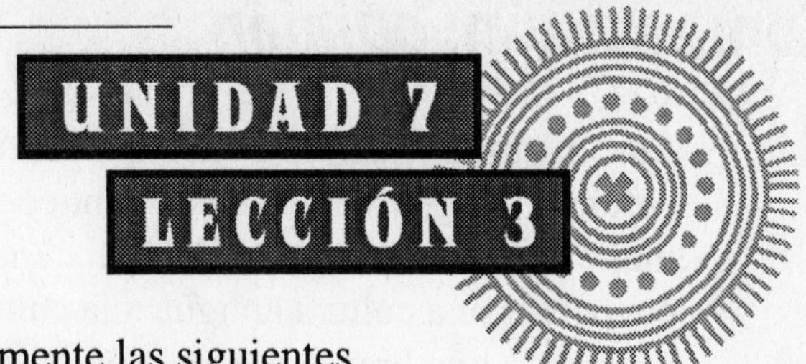

J **Opciones.** Indica qué opción completa correctamente las siguientes oraciones.

1. Para comprar pendientes, collares o pulseras hay que ir al Departamento de...

a. Hogar

b. Caballero

c. Complementos de Moda

2. Si vas a un centro comercial sin ninguna intención de comprar nada, se puede decir que andas...

a. curioseando

b. de compras

c. de moda

3. Si alguien menciona tu talla, probablemente habla...

a. del color de tu pelo

b. del material de la ropa que llevas

c. de tu medida

4. La seda es...

a. una talla

b. un material

c. terciopelo

5. Algo que siempre se compra en pares son...

a. los chalecos

b. las pantuflas

c. los volantes

Composición: *opinión*

K **Las culturas indígenas.** En Bolivia, tanto como en Perú y en Ecuador, las culturas indígenas todavía se mantienen vivas y activas. En tu opinión, ¿no sería mejor que estas culturas se asimilaran a la cultura dominante? ¿Qué puede contribuir una cultura antigua a la cultura nacional? En una hoja en blanco, desarrolla una breve composición basándote en estas preguntas.

Nombre ____________________ Fecha ____________

Sección ____________

UNIDAD 8

LECCIÓN 1

¡A escuchar!

Gente del Mundo 21

A **Escritor argentino.** Dos amigas están hablando en un café al aire libre en Buenos Aires. Escucha lo que dicen sobre la vida y la obra de uno de los escritores más importantes del siglo XX. Luego marca si cada oración que sigue es **cierta (C), falsa (F)** o si no tiene relación con lo que escuchaste **(N/R).**

C F N/R **1.** Una de las amigas siempre descubre algo nuevo cuando lee algún cuento de Jorge Luis Borges por segunda o tercera vez.

C F N/R **2.** Borges estudió el bachillerato en Londres.

C F N/R **3.** Aprendió inglés de niño.

C F N/R **4.** La fama mundial de Borges se debe principalmente a sus poemas.

C F N/R **5.** Cuando Borges se quedó ciego, en 1955, dejó de publicar libros.

C F N/R **6.** Borges murió en Ginebra cuando celebraba su cumpleaños.

Gramática en contexto: *narración informativa y explicación de lo que habría hecho*

B **El tango.** Escucha el texto que sigue acerca del tango y luego selecciona la opción que complete correctamente las oraciones que siguen. Escucha una vez más para verificar tus respuestas.

1. El tango nació en...

a. el siglo XVIII

b. el siglo XIX

c. el siglo XX

2. Cuando apareció el tango mucha gente consideraba que era un escándalo...

a. que la mujer se moviera tanto

b. que el hombre bailara tan junto a la mujer

e. que el hombre realizara movimientos de cintura insinuantes

3. Actualmente, el instrumento característico del tango es...

a. el bandoneón

b. el violín

e. la guitarra

4. Los franceses...

a. odiaron el tango

b. se escandalizaron con el tango

c. bailaron el tango con entusiasmo

5. Carlos Gardel fue...

a. el primero que cantó tangos en Argentina

b. el cantante de tangos más célebre de Argentina

c. un famoso cantante de tangos uruguayo

Nombre ____________________ Fecha ____________

Sección ______________

C **Planes malogrados.** El fin de semana pasado llovió y Patricia no pudo salir de excursión. De todos modos, dice lo que habría hecho si hubiera ido. Mientras escuchas, ordena numéricamente los dibujos. Ten en cuenta que algunos dibujos quedarán sin numerar. Escucha una vez más para verificar tus respuestas.

A. ________

B. ________

C. ________

D. ________

E. ________

F. ________

G. ________

H. ________

Pronunciación y ortografía

D

Palabras parónimas: *ay* y *hay*. Estas palabras son parecidas y se pronuncian de la misma manera, pero tienen distintos significados.

- La palabra **ay** es una exclamación que puede indicar sorpresa o dolor.

  ¡Ay! ¡Qué sorpresa!

  ¡Ay, ay, ay! Me duele mucho, mamá.

  ¡Ay! Acaban de avisarme que Inés tuvo un accidente.

- La palabra **hay** es una forma impersonal del verbo **haber** que significa *there is* o *there are.* La expresión **hay que** significa **es preciso, es necesario.**

  Hay mucha gente aquí, ¿qué pasa?

  Dice que **hay** leche pero que no **hay** tortillas.

  ¡Hay que llamar este número en seguida!

Ahora, al escuchar a los narradores, indica con una **X** si lo que oyes es la exclamación **ay,** el verbo **hay** o la expresión **hay que.**

	ay	*hay*	*hay que*
1.	☐	☐	☐
2.	☐	☐	☐
3.	☐	☐	☐
4.	☐	☐	☐
5.	☐	☐	☐

E

Deletreo. Al escuchar a los narradores leer las siguientes oraciones, escribe **ay** o **hay,** según corresponda.

1. ¡ ______________ que hacerlo, y se acabó! ¡Ya no quiero oír más protestas!

2. ______________ Ya no aguanto este dolor de muelas.

3. No sé cuántas personas ______________. ¡El teatro está lleno!

4. ______________ ¡Estoy tan nerviosa! ¿Qué hora es?

5. No ______________ más remedio. Tenemos que venderlo.

Nombre ______________________ Fecha ______________

Sección ______________

UNIDAD 8

LECCIÓN 1

F **Dictado.** Escucha el siguiente dictado e intenta escribir lo más que puedas. El dictado se repetirá una vez más para que revises tu párrafo.

La era de Perón

¡A explorar!

Gramática en contexto: *hablar de lo que había, habrá y habría ocurrido*

G **Escena familiar.** Di lo que había ocurrido cuando llegaste a casa ayer por la noche. Usa el **pluscuamperfecto de indicativo** de los verbos entre paréntesis para completar las oraciones.

MODELO *Cuando llegué a casa, mi abuelita ____________ ____________ (acostarse).*
Cuando llegué a casa, mi abuelita se había acostado.

1. Cuando llegué a casa, mi familia ____________ ____________________ (cenar).
2. Cuando llegué a casa, mi hermanito ____________ ____________________ (practicar) su lección de piano.
3. Cuando llegué a casa, mi mamá ____________ ____________________ (ver) su programa de televisión favorito.
4. Cuando llegué a casa, mi papá ____________ ____________________ (leer) el periódico.
5. Cuando llegué a casa, mi hermana ____________ ____________________ (salir) con su novio.

Nombre ______________________ Fecha ____________

Sección ______________

UNIDAD 8

LECCIÓN 1

H

Antes del verano. Los estudiantes dicen lo que habrán hecho antes de que comiencen las próximas vacaciones de verano. Usa el **futuro perfecto** de los verbos entre paréntesis para completar las oraciones.

MODELO *Antes de las vacaciones de verano, ya ____________________ ____________________ (terminar) de pagar el coche.*

Antes de las vacaciones de verano, ya habré terminado de pagar el coche.

1. Antes de las vacaciones de verano, ya ____________________

____________________ (organizar) una fiesta de fin de semestre.

2. Antes de las vacaciones de verano, ya ____________________

____________________ (planear) un viaje a la costa.

3. Antes de las vacaciones de verano, ya ____________________

____________________ (obtener) un trabajo.

4. Antes de las vacaciones de verano, ya ____________________

____________________ (graduarse).

5. Antes de las vacaciones de verano, ya ____________________

____________________ (olvidarse) de los estudios.

I **Deseos para el sábado.** El sábado pasado tuviste que ocuparte de tus estudios. Di lo que habrías hecho si no hubieras estado ocupado(a). Usa el **pluscuamperfecto de subjuntivo** y el **condicional perfecto de indicativo.**

MODELO *tener tiempo / escuchar música*
Si hubiera tenido tiempo, habría escuchado música.

1. no estar ocupado(a) / ir a la playa

____

____

2. no tener que estudiar tanto / asistir a la fiesta de Aníbal

____

____

3. hacer mi tarea / jugar al volibol

____

____

4. terminar de lavar el coche / dar una caminata por el lago

____

____

5. planearlo con más cuidado / salir de paseo en bicicleta

____

____

Vocabulario activo

J **Lógica.** En cada grupo de palabras, subraya aquella palabra o frase que no esté relacionada con el resto.

1. expulsar	derrota	dar una patada	cobrar un penal
2. árbitro	arquero	defensa	delantero
3. gol de córner	entrenador	tiro libre	golpe de cabeza
4. pelota	patear	mediocampista	arco
5. expulsar	lastimarse	lesionarse	recibir una patada

Nombre ____________________ Fecha ____________

Sección ____________

K **Definiciones.** Indica cuál es la palabra que se define en cada caso.

1. un equipo de fútbol

a. una selección

b. un tiro

c. una falta

2. perder con muchos puntos

a. un penal

b. un tiro libre

c. una derrota

3. meter goles

a. anotar puntos

b. dar patadas

c. conseguir entradas

4. jugador de fútbol

a. entrenador

b. mediocampista

c. árbitro

5. lastimarse

a. imaginarse

b. dar un golpe de cabeza

c. lesionarse

Composición: *narración*

L **Dos familias.** Imagina que eres descendiente de una familia italiana que emigró a Nueva York en 1900, y que el hermano de tu bisabuelo, en vez de venir a EE.UU., decidió emigrar con su familia a Buenos Aires. Después de muchos años sin comunicación, los descendientes de estos dos hermanos italianos deciden tener una gran reunión familiar en Buenos Aires. En una hoja en blanco, escribe acerca de las semejanzas y las diferencias que piensas encontrar entre tus familiares que viven en EE.UU. y tus parientes argentinos.

Nombre ____________________ Fecha ____________

Sección ____________

¡A escuchar!

Gente del Mundo 21

A **Dictador paraguayo.** Escucha lo que un estudiante paraguayo le explica a una estudiante estadounidense que se encuentra en Paraguay como parte de un programa del Cuerpo de Paz o *Peace Corps.* Luego marca si cada oración que sigue es **cierta (C), falsa (F)** o si no tiene relación con lo que escuchaste **(N/R).**

C F N/R **1.** Alfredo Stroessner fue un militar que durante treinta y cinco años ocupó la presidencia de Paraguay.

C F N/R **2.** Su gobierno fue uno de los más largos de la historia latinoamericana.

C F N/R **3.** Su padre fue un inmigrante holandés.

C F N/R **4.** Stroessner fue reelegido presidente siete veces después de grandes campañas en las que gastó millones de dólares.

C F N/R **5.** En realidad era un dictador, sólo mantenía las apariencias democráticas.

C F N/R **6.** Stroessner marchó al exilio cuando perdió las elecciones presidenciales de 1989.

Gramática en contexto: *narración informativa y descripción del pasado*

B

Música paraguaya. Escucha el siguiente texto acerca de la música de Paraguay y luego indica si las oraciones que siguen son **ciertas (C)** o **falsas (F).** Escucha una vez más para verificar tus respuestas.

C F 1. La música paraguaya es de origen guaraní.

C F 2. Los jesuitas les enseñaron a tocar el arpa a los guaraníes.

C F 3. Hay bastante influencia africana en la música guaraní.

C F 4. El arpa es un instrumento típico de la música popular guaraní.

C F 5. La canción "Pájaro Campana" cuenta una historia de amor.

C F 6. No se encuentra influencia de la música argentina en la música de Paraguay.

C F 7. "Recuerdos de Ypacaraí" es el nombre de un famoso conjunto musical paraguayo.

C

Recuerdos del abuelo. Tu abuelo habla de lo que hacía cuando era joven. Mientras escuchas, ordena numéricamente los dibujos. Ten en cuenta que algunos dibujos quedarán sin numerar. Escucha una vez más para verificar tus respuestas.

A. __________

B. __________

C. __________

D. __________

E. __________

F. __________

G. __________

H. __________

Nombre ______________________ Fecha ______________

Sección ______________

UNIDAD 8

LECCIÓN 2

Pronunciación y ortografía

D

Palabras parónimas: *a, ah* y *ha.* Estas palabras son parecidas y se pronuncian de la misma manera, pero tienen distintos significados.

- La preposición **a** tiene muchos significados. Algunos de los más comunes son:

  Dirección: Vamos **a** Nuevo México este verano.

  Movimiento: Camino **a** la escuela todos los días.

  Hora: Van a llamar **a** las doce.

  Situación: Dobla **a** la izquierda.

  Espacio de tiempo: Abrimos de ocho **a** seis.

- La palabra **ah** es una exclamación de admiración, sorpresa o pena.

  ¡**Ah,** me encanta! ¿Dónde lo conseguiste?

  ¡**Ah,** eres tú! No te conocí la voz.

  ¡**Ah,** qué aburrimiento! No hay nada que hacer.

- La palabra **ha** es una forma del verbo auxiliar **haber.** Seguido de la preposición **de,** significa **deber de, ser necesario.**

  ¿No te **ha** contestado todavía?

  Ha estado llamando cada quince minutos.

  Ella **ha de** escribirle la próxima semana.

Ahora, al escuchar a los narradores, indica si lo que oyes es la preposición **a,** la exclamación **ah** o el verbo **ha.**

	a	*ah*	*ha*
1.	☐	☐	☐
2.	☐	☐	☐
3.	☐	☐	☐
4.	☐	☐	☐
5.	☐	☐	☐
6.	☐	☐	☐

E **Deletreo.** Al escuchar a los narradores leer las siguientes oraciones, escribe **ha, ah** o **a,** según corresponda.

1. ¿Nadie ______________ hablado con papá todavía?
2. Vienen ______________ averiguar lo del accidente.
3. Creo que salen ______________ Mazatlán la próxima semana.
4. ¿Es para Ernesto? ¡ ______________, yo pensé que era para ti!
5. No ______________ habido mucho tráfico, gracias a Dios.

F **Dictado.** Escucha el siguiente dictado e intenta escribir lo más que puedas. El dictado se repetirá una vez más para que revises tu párrafo.

Paraguay: la nación guaraní

____

____

____

____

____

____

____

____

____

____

____

____

____

____

____

____

____

____

____

____

____

____

Nombre ______________________ Fecha ______________

Sección ______________

¡A explorar!

Gramática en contexto: *comparar, predecir y hablar de lo que se había hecho*

G **Comparación.** Compara tu vida actual con la que tenías hace algunos años.

MODELO *pienso / levantarme más temprano*
Pienso que antes me levantaba más temprano.

1. creo / ver más programas en la televisión

____

____

2. tengo la impresión / estudiar menos

____

____

3. me dicen / ser más cortés

____

____

4. pienso / ir al gimnasio más a menudo

____

____

5. creo / aprender más rápidamente

____

____

6. opino / sufrir menos de alergia

____

____

H

Visita a Uruguay. Di lo que te cuenta un amigo que pasó unos días en Uruguay. Usa el **pluscuamperfecto de indicativo** de los verbos entre paréntesis para completar las oraciones.

MODELO Me *dijo que* ________________ ________________ *(visitar) Punta del Este*
Me dijo que había visitado Punta del Este.

1. Me dijo que ____________________ ____________________ (aprender) a usar el voseo.
2. Me dijo que ____________________ ____________________ (asistir) a un concierto de tamborileros.
3. Me dijo que ____________________ ____________________ (viajar) a la Colonia de Sacramento.
4. Me dijo que ____________________ ____________________ (probar) la famosa parrillada uruguaya.
5. Me dijo que ____________________ ____________________ (descubrir) un museo interesante en Montevideo, el Museo del Gaucho.

I

El siglo XXII. Tus compañeros dicen cómo imaginan que será el siglo XXII. Para saber lo que dicen, completa las oraciones con el **futuro de indicativo** de los verbos entre paréntesis.

MODELO *Me imagino que* ____________________ *(tener) ciudades en la Luna.*
Me imagino que tendremos ciudades en la Luna.

1. Pienso que ____________________ (obtener) más beneficios de la cibernética que de la agricultura.
2. Me imagino que ____________________ (hacer) vastos descubrimientos astronómicos.
3. Estoy seguro de que ____________________ (descubrir) una cura para el cáncer.
4. Me imagino que ____________________ (resolver) el problema de la contaminación ambiental.
5. Creo que ____________________ (vivir) en paz.

Nombre ______________________ Fecha ____________

Sección ____________

Vocabulario activo

J **Lógica.** En cada grupo de palabras, subraya aquélla que no esté relacionada con el resto.

1. criollo	mestizo	zambo	mulato
2. taíno	incas	náhuatl	guaraní
3. poder político	mestizos	criollos	poder económico
4. papa	cuate	petate	tomate
5. México	aztecas	náhuatl	mayas

K **Opciones.** Indica qué opción completa correctamente las siguientes oraciones.

1. El taíno es la lengua de los...

a. incas

b. caribes

c. tupí-guaraníes

2. Los incas hablaban...

a. nahuatl

b. guaraní

c. quechua

3. Los mayas y los aztecas son un buen ejemplo de...

a. criollos

b. indígenas

c. mestizos

4. Los tupí-guaraníes vivían en...

a. la selva brasilera

b. la zona andina

c. Mesoamérica

5. Las palabras **tabaco, caníbal, hamaca** vienen al español del...

a. náhuatl

b. taíno

c. quechua

Composición: *comparación*

L

Uruguay y Paraguay. Un buen amigo tuyo siempre confunde a Uruguay con Paraguay. Tú decides que no vas a estar conforme hasta que este amigo aprenda la diferencia entre los dos países. Por eso, decides hacer una comparación por escrito para mandarle a tu amigo. Haz esa comparación.

Nombre ______________________ Fecha ______________

Sección ______________

¡A escuchar!

Gente del Mundo 21

A **Escritora chilena.** Escucha lo que dicen dos amigas después de asistir a una presentación de una de las escritoras chilenas más conocidas del momento. Luego marca si cada oración que sigue es **cierta (C), falsa (F)** o si no tiene relación con lo que escuchaste **(N/R).**

C F N/R **1.** El peinado y el vestido juvenil de la escritora chilena Isabel Allende impresionaron mucho a una de las amigas.

C F N/R **2.** Isabel Allende comenzó a escribir en 1981, cuando tenía casi cuarenta años.

C F N/R **3.** Aunque tienen el mismo apellido, Isabel Allende y Salvador Allende no son parientes.

C F N/R **4.** Su primera novela, titulada *La casa de los espíritus,* ha sido traducida a muchos idiomas, como el inglés y el francés, entre otros.

C F N/R **5.** Dicen que una película basada en la novela *La casa de los espíritus* saldrá en uno o dos años.

C F N/R **6.** Su novela *El plan infinito* tiene lugar en EE.UU., país donde ha vivido por más de diez años.

Gramática en contexto: *narración informativa y emociones*

B **Isla de Pascua.** Escucha el texto sobre la isla de Pascua y luego selecciona la opción que complete correctamente las oraciones que siguen. Escucha una vez más para verificar tus respuestas.

1. La isla de Pascua pertenece a...

a. Chile

b. Argentina

c. Inglaterra

2. La isla tiene forma...

a. cuadrada

b. ovalada

c. triangular

3. Las dos terceras partes de las personas que viven en la isla...

a. viajaron desde el continente

b. son isleños de origen polinésico

c. son trabajadores que tienen residencia en Chile

4. *Moai* es el nombre de...

a. los habitantes de la isla

b. unas inmensas construcciones de piedra

c. unos volcanes apagados

5. La mayoría de los monolitos de piedra miden, como promedio,...

a. entre cinco y siete metros

b. dos metros

c. veintiún metros

Nombre ______________________ Fecha ____________

Sección ______________

UNIDAD 8
LECCIÓN 3

C **Alegría.** Romina habla de algunas cosas que le han causado alegría recientemente. Mientras escuchas, ordena numéricamente los dibujos. Ten en cuenta que algunos dibujos quedarán sin numerar. Escucha una vez más para verificar tus respuestas.

A. __________

B. __________

C. __________

D. __________

E. __________

F. __________

G. __________

H. __________

Pronunciación y ortografía

D **Palabras parónimas: *esta, ésta y está.*** Estas palabras son parecidas, pero tienen distintos significados.

- La palabra **esta** es un adjetivo demostrativo que se usa para designar a una persona o cosa cercana.

  ¡No me digas que **esta** niña es tu hija!

  Prefiero **esta** blusa. La otra es más cara y de calidad inferior.

- La palabra **ésta** es pronombre demostrativo. Reemplaza al adjetivo demostrativo y desaparece el sustantivo que se refiere a una persona o cosa cercana.

  Voy a comprar la otra falda; **ésta** no me gusta.

  La de Miguel es bonita, pero **ésta** es hermosísima.

- La palabra **está** es una forma del verbo **estar.**

  ¿Dónde **está** todo el mundo?

  Por fin, la comida **está** lista.

Ahora, al escuchar a los narradores, indica si lo que oyes es el adjetivo demostrativo **esta,** el pronombre demostrativo **ésta** o el verbo **está.**

	esta	*ésta*	*está*
1.	☐	☐	☐
2.	☐	☐	☐
3.	☐	☐	☐
4.	☐	☐	☐
5.	☐	☐	☐
6.	☐	☐	☐

E **Deletreo.** Al escuchar a los narradores leer las siguientes oraciones, escribe el adjetivo demostrativo **esta,** el pronombre demostrativo **ésta** o el verbo **está,** según corresponda.

1. Sabemos que ____________ persona vive en San Antonio, pero no sabemos en qué calle.
2. El disco compacto ____________ en el estante junto con las revistas.
3. Ven, mira. Quiero presentarte a ____________ amiga mía.
4. ¡Dios mío! ¡Vengan pronto! El avión ____________ por salir.
5. Decidieron que ____________ es mejor porque pesa más.
6. No creo que les interese ____________ porque no estará lista hasta el año próximo.

Nombre ____________________ Fecha ____________

Sección ____________

UNIDAD 8

LECCIÓN 3

F **Dictado.** Escucha el siguiente dictado e intenta escribir lo más que puedas. El dictado se repetirá una vez más para que revises tu párrafo.

El regreso de la democracia

¡A explorar!

Gramática en contexto: *emociones*

G **Lamentos.** Di de qué se lamenta tu amigo Nicolás.

MODELO *Siente que su automóvil ____________________ (tener) problemas mecánicos.*
Siente que su automóvil tenga problemas mecánicos.

1. Siente que sus amigos no ____________________ (invitarlo) a todas las fiestas.
2. Siente que su novia ____________________ (enfadarse) con él a menudo.
3. Siente que sus padres no ____________________ (comprenderlo).
4. Siente que los profesores no ____________________ (darle) muy buenas notas.
5. Siente que su hermana no ____________________ (prestarle) dinero.

H **Viejos lamentos.** Sabes que tu amigo Nicolás siempre se lamenta de algo. Di de qué se lamentaba el año pasado.

MODELO *Sentía que su automóvil ____________________ (tener) problemas mecánicos.*
Sentía que su automóvil tuviera problemas mecánicos.

1. Sentía que sus amigos no ____________________ (invitarlo) a todas las fiestas.
2. Sentía que su novia ____________________ (enfadarse) con él a menudo.
3. Sentía que sus padres no ____________________ (comprenderlo).
4. Sentía que los profesores no ____________________ (darle) muy buenas notas.
5. Sentía que su hermana no ____________________ (prestarle) dinero.

Nombre ______________________ Fecha ______________

Sección ______________

UNIDAD 8

LECCIÓN 3

I **Recomendaciones médicas.** Habla de las recomendaciones permanentes que el médico le hizo a tu papá y de otras más recientes que le hizo la semana pasada.

MODELO *Le recomienda que* ______________ *(hacer) ejercicio.*
Le recomienda que haga ejercicio.
Le recomendó que ______________ *(caminar) dos millas todos los días.*
Le recomendó que caminara dos millas todos los días.

1. Le recomienda que ______________ (hacerse) exámenes médicos periódicos.
2. Le recomendó que ______________ (volver) a verlo dentro de un mes.
3. Le recomendó que no ______________ (trabajar) más de treinta horas por semana.
4. Le recomienda que ______________ (reducir) las horas de trabajo.
5. Le recomienda que ______________ (comer) con moderación.
6. Le recomendó que ______________ (disminuir) los alimentos grasos.
7. Le recomendó que ______________ (usar) muy poca ropa durante el verano.

J **Opiniones de algunos políticos.** Diversos políticos, tanto viejos como nuevos candidatos, expresan opiniones acerca de elecciones pasadas y futuras. Completa las siguientes oraciones con el **presente de indicativo, imperfecto de subjuntivo** o **pluscuamperfecto de subjuntivo,** según convenga.

MODELO *Uds. se sentirán satisfechos si ____________________ (votar) por mí.*
Uds. se sentirán satisfechos si votan por mí.

Uds. se sentirían satisfechos si ____________________ (votar) por mí.
Uds. se sentirían satisfechos si votaran por mí.

Uds. se habrían sentido satisfechos si ____________________ (votar) por mí.
Uds. se habrían sentido satisfechos si hubieran votado por mí.

1. Uds. habrían resuelto el problema del transporte público, si me ____________________ ____________________ (apoyar).

2. Yo crearé leyes para proteger el ambiente si Uds. me ____________________ (elegir).

3. Yo me ocuparía de la salud de todos si ____________________ (llegar / yo) al parlamento.

4. Uds. deben votar por mí si ____________________ (desear / Uds.) reformar el sistema de impuestos.

5. Yo desarrollaría la industria local si Uds. me ____________________ (dar) el voto.

6. Yo habría mejorado las calles de la ciudad si ____________________ ____________________ (ser / yo) elegido.

7. Yo trataría de conseguir fondos para la educación vocacional si Uds. ____________________ (respaldar) mi candidatura.

Nombre ____________________ Fecha ____________

Sección ____________

Vocabulario activo

K **Lógica.** En cada grupo de palabras, subraya aquella palabra o frase que no esté relacionada con el resto.

1. acuerdo	tratado	comercio	convenio
2. diversificar	ampliar	excluir	extender
3. PIB	MERCOSUR	NAFTA	Tratado de Libre Comercio Centroamericano
4. excluir	separar	estar al margen	amplificar
5. zona de libre comercio	competencia de mercados	repúblicas bananeras	comercio sin fronteras

L **Definiciones.** Indica cuál es la palabra que se define en cada caso.

1. MERCOSUR es...

a. el sueño de Simón Bolívar

b. un desarrollo científico

c. un convenio de comercio libre

2. Un Producto Interno Bruto alto implica...

a. un alto valor de exportaciones

b. una disminución de los mercados nacionales

c. problemas con la economía nacional

3. Argentina, Chile, Brasil, Paraguay, Uruguay y Bolivia son...

a. EL PIB de MERCOSUR

b. los Estados Partes de MERCOSUR

c. los Estados Partes del Tratado de Libre Comercio de América del Norte

4. Un resultado de los tratados de libre comercio es...

   a. una falta de desarrollo científico y tecnológico en los Estados Partes

   b. un aumento en el Producto Interno Bruto de los Estado Partes

   c. una falta de estabilidad económica en los Estados Partes

5. NAFTA es...

   a. Belice, Guayana, Cuba y Haití

   b. Argentina, Chile, Brasil, Paraguay, Uruguay y Bolivia

   c. México, EE.UU. y Canadá

Composición: *expresar opiniones*

M **Chile, MERCOSUR y el siglo XXI.** Chile es famoso por tener un clima perfecto para el cultivo de frutas como la uva. Por otro lado, también tiene pueblos tan solitarios y aislados como San Pedro de Atacama, en el desierto de Atacama (que tiene fama de ser el más árido del mundo). En tú opinión, ¿de qué beneficios y progresos puede gozar Chile en el siglo XXI al ser un Estado Parte de MERCOSUR? ¿Qué ventajas y desventajas puede traerle a un pueblo como San Pedro de Atacama?

Answer Key

¡A escuchar!

Gente del Mundo 21

A César Chávez.

1. F
2. C
3. F
4. C
5. N/R

Gramática en contexto: *descripción*

B Mirando edificios

1. A
2. A
3. B
4. A
5. B

C Mis amigos

1. Ana
2. Josefina
3. Óscar
4. Lorenzo

D Mi clase de español

1. colorida
2. distraída
3. respetuosos
4. descorteses

Separación en sílabas

F Separación

1. a / bu / rri / do
2. con / mo / ve / dor
3. do / cu / men / tal
4. a / ven / tu / ras
5. a / ni / ma / do
6. ma / ra / vi / llo / sa
7. sor / pren / den / te
8. mu / si / ca / les
9. di / bu / jos
10. mis / te / rio
11. bo / le / to
12. a / co / mo / da / dor
13. cen / tro
14. pan / ta / lla
15. en / tra / da
16. en / te / ra / do

G El "golpe."

es-tu-dian-til
Val-dez
i-ni-cia-dor
ca-si
re-a-li-dad
al-cal-de
re-loj
re-cre-a-cio-nes
o-ri-gi-na-rio
ga-bi-ne-te
pre-mios
ca-ma-ra-da
glo-ri-fi-car
sin-di-cal
o-ri-gen
fe-rro-ca-rril

H Acento escrito.

con-tes-tó
prín-ci-pe
lí-der
do-més-ti-co
ce-le-bra-ción
po-lí-ti-cos
an-glo-sa-jón
rá-pi-da
tra-di-ción
e-co-nó-mi-ca
dé-ca-das
ét-ni-co
in-dí-ge-nas
dra-má-ti-cas
a-grí-co-la
pro-pó-si-to

I Dictado.

Los chicanos

Desde la década de 1970 existe un verdadero desarrollo de la cultura chicana. Se establecen centros culturales en muchas comunidades chicanas y centros de estudios chicanos en las más importantes universidades del suroeste de EE.UU. En las paredes de viviendas, escuelas y edificios públicos se pintan murales que proclaman un renovado orgullo étnico. Igualmente en la actualidad existe un florecimiento de la literatura chicana.

¡A explorar!

Gramática en contexto: *descripción*

J Influencia de las lenguas amerindias.

1. aguacates
2. alpacas
3. cacahuates
4. cacaos
5. caimanes
6. cóndores
7. coyotes
8. iguanas
9. jaguares
10. nopales
11. pumas
12. tomates

K Lenguas de España

1. La
2. el
3. X
4. X
5. X
6. Las
7. (de)l
8. la

L Edward James Olmos.

1. X
2. un
3. el
4. el
5. la
6. una
7. los
8. la

M Diversiones

Answers may vary.

1. Gabriel toca la guitarra.
2. Cristina asiste a un partido de básquetbol.
3. Yo monto en bicicleta
4. Julia y Ricardo cenan en un restaurante de lujo.
5. Tú nadas en la piscina.
6. Jimena y yo corremos por el parque.
7. Los hermanos Ruiz toman sol en la playa.

N Rutina del semestre.

1. estudio
2. trabajo
3. leo
4. hago
5. escucho
6. miro
7. preparo
8. paso
9. gano
10. ahorro
11. echo
12. junto

O ¿Cómo son?

Answers will vary.

1. Adolfo Miller es guapo y joven.
2. Don Anselmo es gordo.
3. Víctor es elegante.
4. Francisquita, la madre, es seria y honesta.
5. Francisquita, la hija, es guapa y tímida.
6. Sandra Cisneros es exitosa.

P Tierra Amarilla.

Answers will vary.

Q Estados de ánimo.

Answers will vary.

1. Don Anselmo se siente decepcionado.
2. Francisquita, la madre, se siente sorprendida.
3. Francisquita, la hija, se siente preocupada.
4. Adolfo Miller se siente contento.
5. Yo me siento...

Vocabulario activo

R Lógica.

1. vaqueros
2. taquillero
3. espantoso
4. boletería
5. entretenido

S Definiciones.

1. g
2. i
3. f
4. b
5. a
6. j
7. d
8. c
9. h
10. e

¡A escuchar!

Gente del Mundo 21

A Esperando a Rosie Pérez.

1. F
2. C
3. F
4. C
5. N/R
6. F

Gramática en contexto: *hacer una invitación, pedir en un restaurante y descripción*

B Planes.

1. C
2. F
3. C
4. F
5. C

C Almuerzo.

1. Sí
2. No
3. Sí
4. Sí
5. No
6. Sí
7. Sí
8. No

D Una profesional.

1. psicóloga
2. 27 años
3. Nueva York
4. jóvenes
5. practica el tenis

Acentuación y ortografía

E Diptongos.

bailarina	inaugurar	veinte
Julia	ciudadano	fuerzas
barrio	profesional	boricuas
movimiento	puertorriqueño	científicos
regimiento	premio	elocuente

F Separación en dos sílabas.

escenario	desafío	judío
todavía	taínos	cuatro
cuidadanía	refugiado	país
harmonía	categoría	miembros
literaria	diferencia	Raúl

G ¡A deletrear!

1. migratorio
2. tradición
3. garantías
4. iniciado
5. conciencia
6. representación

H Dictado.

Los puertorriqueños en EE.UU.

A diferencia de otros grupos hispanos, los puertorriqueños son ciudadanos estadounidenses y pueden entrar y salir de EE.UU. sin pasaporte o visa. En 1898, como resultado de la guerra entre EE.UU. y España, la isla de Puerto Rico pasó a ser territorio estadounidense. En 1917 los puertorriqueños recibieron la ciudadanía estadounidense. Desde entonces gozan de todos los derechos que tienen los ciudadanos de EE.UU., excepto que no pagan impuestos federales.

¡A explorar!

Gramática en contexto: *hacer una invitación, pedir en un restaurante y descripción*

I Desfile puertorriqueño.

1. vamos
2. Quieres
3. sabes
4. siento
5. puedo
6. Juego
7. cuentan
8. tenemos
9. pierdes

J Después del desfile.

1. tienen
2. recomiendo
3. Pueden
4. incluye
5. tiene
6. Vuelvo
7. Creo
8. voy
9. tengo
10. pienso
11. pido
12. sigue
13. convence
14. quiero
15. sé
16. sugieren
17. agrada
18. entiendo
19. hacen

K Presentación.

1. Soy
2. tengo
3. quiero
4. satisface
5. voy
6. hago
7. salgo
8. distraigo
9. conduzco
10. tengo
11. Estoy

Vocabulario activo

L Lógica.

1. encantador
2. poeta
3. ensayo
4. divertido
5. incomprensible

M Escritores y sus obras.

1. a
2. d
3. a
4. d
5. b
6. a
7. a
8. c

¡A escuchar!

Gente del Mundo 21

A Actor cubanoamericano.

1. F
2. F
3. C
4. N/R
5. F
6. C

Gramática en contexto: *descripción y comparación*

B Niños.

1. Nora es buena.
2. Pepe está interesado.
3. Sarita es lista.
4. Carlitos está limpio.
5. Tere está aburrida.

C Qué fruta va a llevar?

1. A
2. B
3. B
4. C
5. A

D Mi familia.

1. A
2. A
3. A
4. B
5. A

E Islas caribeñas.

1. Sí
2. No
3. Sí
4. Sí
5. No
6. No
7. Sí
8. Sí

Acentuación y ortografía

F Triptongos.

1. desafiéis
2. caraguay
3. denunciáis
4. renunciéis
5. anunciéis
6. buey
7. iniciáis
8. averigüéis

G Separación en sílabas.

1. 3
2. 1
3. 1
4. 3
5. 3
6. 4
7. 3
8. 3

H Repaso.

1. filósofo
2. diccionario
3. diptongo
4. número
5. examen
6. cárcel
7. fáciles
8. huésped
9. ortográfico
10. periódico

I Dictado.

Miami: una ciudad hispanohablante

De todos los hispanos que viven en EE.UU., los cubanoamericanos son los que han logrado mayor prosperidad económica. El centro de la comunidad cubana en EE.UU. es Miami, Florida. En treinta años los cubanoamericanos transformaron completamente esta ciudad. La Calle Ocho ahora forma la arteria principal de la Pequeña Habana donde se puede beber el típico café cubano en los restaurantes familiares que abundan en esa calle. El español se habla en toda la ciudad. En gran parte, se puede decir que Miami es la ciudad más rica y moderna del mundo hispanohablante.

¡A explorar!

Gramática en contexto: *hacer compras y comparaciones*

J Viajeros.

1. Alfonso es de Ecuador, pero ahora está en Uruguay.
2. Pamela es de Argentina, pero ahora está en Perú.
3. Graciela es de Panamá, pero ahora está en Chile.
4. Fernando es de Paraguay, pero ahora está en Bolivia.
5. Daniel es de Colombia, pero ahora está en Paraguay.
6. Yolanda es de México, pero ahora está en Brasil.

K Mujer de negocios.

1. es
2. está
3. Es
4. está
5. Es
6. está
7. está
8. es
9. está

L ¡De compras en Miami!

1. ¿Compro esos aretes o este anillo? o ¿Compro este anillo o esos aretes?
2. ¿Compro esa cachucha o este sombrero? o ¿Compro este sombrero o esa cachucha?
3. ¿Compro ese gato de peluche o este osito de peluche? o ¿Compro este osito de peluche o ese gato de peluche?
4. ¿Compro ese libro de ejercicios o este libro de cocina? o ¿Compro este libro de cocina o ese libro de ejercicios?
5. ¿Compro ese casete o este disco compacto? o ¿Compro este disco compacto o ese casete?

M Ficha personal.

1. Soy más alto(a) que mi hermana. *o* Mi hermana es menos alta que yo.
2. Soy menos elegante que mi hermana. *o* Mi hermana es más elegante que yo.
3. Trabajo menos (horas) que mi hermana. *o* Mi hermana trabaja más (horas) que yo.
4. Peso más que mi hermana. *o* Mi hermana pesa menos que yo.
5. Voy al cine tanto como mi hermana. *o* Mi hermana va al cine tanto como yo.

N Las dos islas.

1. La población de Cuba es más grande. Es tres veces más grande.
2. La población de La Habana es más grande. Es casi cuatro veces más grande.
3. La tasa de crecimiento de Cuba es igual a la tasa de crecimiento de Puerto Rico.
4. El ingreso por turismo en Puerto Rico es mayor que en Cuba. Es casi cinco veces más grande.
5. La población urbana de Cuba es mayor. Es un 5% mayor.
6. Hay más carreteras pavimentadas en Cuba. Hay más de mil kilómetros pavimentados.

Vocabulario activo

O Sopa de letras.

Músicos:

clarinetista
flautista
guitarrista
pianista
saxofonista
tamborista

Instrumentos:

batería
clarinete
flauta
guitarra
piano
tambor
trompeta

Respuesta a la pregunta:

Los mejores músicos del mundo: ¡los cubanos!

P Definiciones.

1. c
2. g
3. j
4. a
5. h
6. i
7. b
8. e
9. f
10. d

¡A escuchar!

Gente del Mundo 21

A Los Reyes Católicos.

1. F
2. F
3. C
4. C
5. F

Gramática en contexto: *explicar lo que pasó*

B Narración confusa.

1. cruzó (Julián)
2. prestó (Julián)
3. presto (Teresa)
4. miró (Julián)
5. miro (Teresa)
6. atropelló (Julián)
7. quedó (Julián)
8. quedo (Teresa)

ANSWER KEY

C El Cid.

1. No
2. Sí
3. No
4. No
5. Sí
6. No
7. Sí

D Ayer.

1. A
2. B
3. B
4. A
5. C
6. A
7. C

Acentuación y ortografía

E Repaso de acentuación.

1. h é / r o / e
2. i n / v a / s i ó n
3. R e / c o n / q u i s / t a
4. á / r a / b e
5. j u / d í / o s
6. p r o / t e s / t a n / t i s / m o
7. e / f i / c a z
8. i n / f l a / c i ó n
9. a b / d i / c a r
10. c r i / s i s
11. s e / f a r / d i / t a s
12. é / p i / c o
13. u / n i / d a d
14. p e / n í n / s u / l a
15. p r ó s / p e / r o
16. i m / p e / r i o
17. i s / l á / m i / c o
18. h e / r e n / c i a
19. e x / p u l / s i ó n
20. t o / l e / r a n / c i a

F Acento escrito.

1. El sábado tendremos que ir al médico en la Clínica Luján.
2. Mis exámenes fueron fáciles pero el examen de química de Mónica fue muy difícil.
3. El joven de ojos azules es francés pero los otros jóvenes son puertorriqueños.
4. Los López, los García y los Valdez están contentísimos porque se sacaron la lotería.
5. Su tía se sentó en el jardín a descansar mientras él comía.

G Dictado.

La España musulmana

En el año 711, los musulmanes procedentes del norte de África invadieron Hispania y cinco años más tarde, con la ayuda de un gran número de árabes, lograron conquistar la mayor parte de la península. Establecieron su capital en Córdoba, la cual se convirtió en uno de los grandes centros intelectuales de la cultura islámica. Fue en Córdoba, durante esta época, que se hicieron grandes avances en las ciencias, las letras, la artesanía, la agricultura, la arquitectura y el urbanismo.

¡A explorar!

Gramática en contexto: *descripción*

H Alfonso X el Sabio.

1. vivió
2. Nació
3. falleció
4. Gobernó
5. Subió
6. terminó
7. Favoreció
8. Reunió
9. realizaron
10. Escribió
11. Ayudó
12. edificó

I Preguntas.

1. Sí, lo leí. *o* No, no lo leí.
2. Sí, las busqué. *o* No, no las busqué.
3. Sí, las contesté. *o* No, no las contesté.
4. Sí, lo averigüé. *o* No, no lo averigüé.
5. Sí, alcancé a terminarlo. *o* No, no alcancé a terminarlo.
6. Sí, se lo mostré. *o* No, no se lo mostré.
7. Sí, las incorporé. *o* No, no las incorporé.

J Reacciones de amigos.

1. A Yolanda le encantó la alusión al palacio de La Alhambra.
2. A las hermanas Rivas les entristeció la mala fortuna del rey moro.
3. A Gabriel le sorprendió un poco el incidente de las alpargatas.
4. A Enrique le molestó el llanto de los caballeros árabes.
5. A mí me gustaron mucho las palabras de la reina.
6. A David le impresionó el final.
7. A todos nosotros nos interesó el romance.

K Encuentros.

Answers may vary.

1. Vimos a dos jóvenes estudiando para sus exámenes.
2. Vimos a un profesor de química.
3. Vimos la biblioteca principal.
4. Vimos dos perros delante del edificio de física.
5. Vimos al rector de la universidad.

Vocabulario activo

L Palabras cruzadas.

MUSEO
MONUMENTO
RUINAS
UNIVERSIDAD
TEATRO
ÓPERA
IGLESIA
BALNEARIO
PLAZA DE TOROS
PARQUE DE ATRACCIONES
CATEDRAL

M Lógica.

1. gozar
2. barco
3. asistir a
4. costar
5. balneario

¡A escuchar!

Gente del Mundo 21

A Diego de Velázquez.

1. F
2. F
3. C
4. F
5. N/R
6. C

Gramática en contexto: *hablar de gustos y del pasado*

B Robo en el banco.

1. F
2. F
3. C
4. C
5. F

C Gustos en televisión.

1. A
2. A
3. A
4. D
5. D
6. D
7. A

D Pérez Galdós

1. c
2. a
3. c
4. c
5. a
6. a

ANSWER KEY

Acentuación y ortografía

E Palabras que cambian de significado.

1. crítico	critico	criticó
2. dialogo	dialogó	diálogo
3. domesticó	doméstico	domestico
4. equivoco	equívoco	equivocó
5. filósofo	filosofó	filosofo
6. líquido	liquido	liquidó
7. numero	número	numeró
8. pacifico	pacificó	pacífico
9. publico	público	publicó
10. transitó	tránsito	transito

F Acento escrito.

1. Hoy publico mi libro para que lo pueda leer el público.
2. No es necesario que yo participe esta vez, participé el sábado pasado.
3. Cuando lo magnifico con el microscopio, pueden ver lo magnífico que es.
4. No entiendo cómo el cálculo debe ayudarme cuando calculo.
5. Pues ahora yo critico todo lo que el crítico criticó.

G Dictado.

Felipe II

Felipe II, hijo de Carlos V, nació en Valldolid en 1527. Cuando Carlos V abdicó en 1556, Felipe II ascendió al trono determinado a seguir los ideales de su padre. Así fue que España asumió el papel de defensora del catolicismo frente a los países protestantes. Fue ese fanatismo religisoso del rey de España que contribuyó más que nada a arruinar económicamente al país debido a las interminables guerras europeas. No se puede negar que durante el reinado de Felipe II España alcanzó su máximo poderío y extensión geográfica. Pero tampoco se puede ignorar que Felipe II abandonó el trono en bancarrota y con la decadencia del imperio español ya bien encaminada.

¡A explorar!

Gramática en contexto: *hablar de gustos y del pasado*

H Los gustos de la familia.

Answers may vary.

1. Al bebé le encanta el biberón.
2. A mi mamá le fascina armar rompecabezas.
3. A mi hermana le fascina tocar el piano.
4. Al gato le gusta dormir en el sofá.
5. A mi papá le gusta mirar programas deportivos en la televisión.
6. A mí me gusta / encanta / fascina...

I Fue un día atípico.

Answers may vary slightly.

1. Pero ayer consiguió un lugar lejos del trabajo.
2. Pero ayer se sintió muy mal.
3. Pero ayer se durmió.
4. Pero ayer no se concentró y se distrajo.
5. Pero ayer no tuvo tiempo para almorzar.
6. Pero ayer no resolvió los problemas de la oficina.
7. Pero ayer regresó temprano a casa.

Vocabulario activo

J Crucigrama.

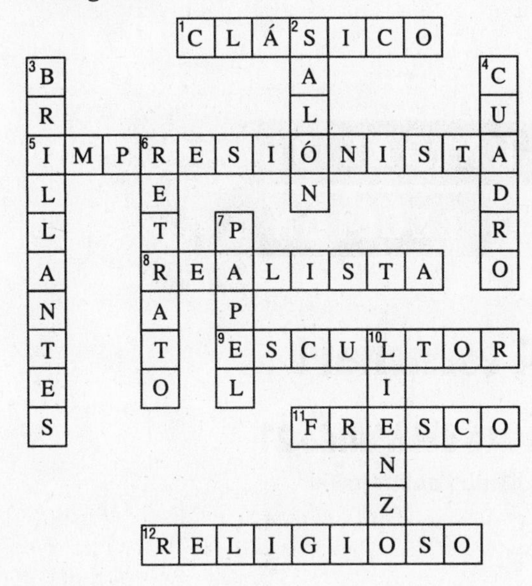

K Lógica.

1. rotulador
2. barroco
3. llamativo
4. cartón
5. gótico

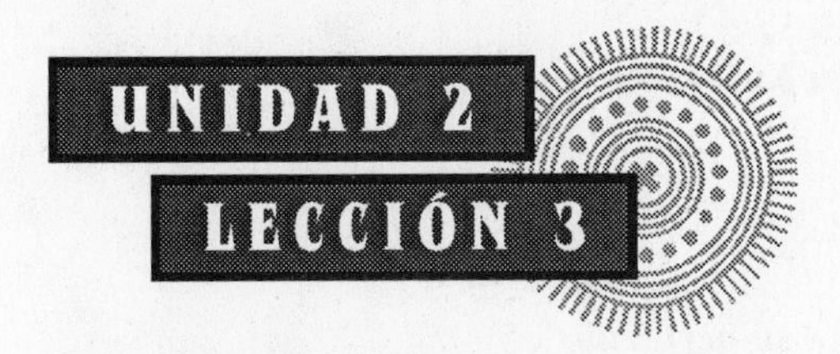

¡A escuchar!

Gente del Mundo 21

A Antes de entrar al cine.

1. F	3. F	5. C
2. N/R	4. F	6. C

Gramática en contexto: *hablar de lo que pasó y expresar opiniones impersonales*

B Domingos del pasado.

1. F	3. F	5. F
2. C	4. C	

C Robo.

1. c	3. c	5. a
2. a	4. b	

D ¿Sueño o realidad?

1. F	4. C	6. F
2. C	5. C	7. F
3. F		

Acentuación y ortografía

E Palabras parecidas.

1. el — artículo definido: *the*
   él — pronombre sujeto: *he*
2. mí — pronombre personal: *me*
   mi — adjetivo posesivo: *my*
3. de — preposición: *of*
   dé — forma verbal: *give*
4. se — pronombre reflexivo: *himself, herself, itself, themselves*
   sé — forma verbal: *I know; be*
5. mas — conjunción: *but*
   más — adverbio de cantidad: *more*
6. té — sustantivo: *tea*
   te — pronombre personal: *you*
7. si — conjunción: *if*
   sí — adverbio afirmativo: *yes*
8. aun — adjetivo: *even*
   aún — adverbio de tiempo: *still, yet*
9. sólo — adverbio de modo: *only*
   solo — adjetivo: *alone*

F ¿Cuál corresponde?

1. Éste es **el** material que traje para él.
2. ¿**Tú** compraste un regalo para **tu** prima?
3. **Mi** amigo trajo este libro para mí.
4. Quiere que le **dé** café **de** México.
5. No **sé** si él **se** puede quedar a comer.
6. **Si** llama, dile que **sí** lo acompañamos.

G Dictado.

Federico García Lorca

Federico García Lorca es posiblemente el poeta español de mayor fama del siglo XX. Nació en 1898 cerca de Granada, ciudad donde cursó estudios y cuya influencia árabe y gitana llega a ser uno de los principales temas de su obra. En 1919 se trasladó a Madrid y se hizo amigo del pintor Salvador Dalí, el cineasta Luis Buñuel y el poeta Rafael Alberti. En 1928 su libro *Romancero gitano* lo consagró como poeta. En 1929 fue a Nueva York donde escribió *Poeta en Nueva York,* publicado póstumamente en 1940. Además de poeta, García Lorca se destacó como dramaturgo. Su obra *Bodas de sangre,* escrita en 1933, es de fama internacional. García Lorca fue fusilado el 19 de agosto de 1936 a las afueras de Granada, al inicio de la Guerra Civil Española.

¡A explorar!

Gramática en contexto: *contradecir y describir lo que hacías, lo que hiciste y el tiempo*

H Exageraciones paternas.

1. era
2. vivíamos
3. me levantaba
4. alimentaba
5. teníamos
6. me arreglaba
7. tomaba
8. salía
9. estaba
10. había
11. debía
12. era
13. hacía
14. nevaba
15. necesitaba

I Actividades de verano.

1. Lola y Arturo tomaban el sol.
2. Los hijos de Benito nadaban en la piscina.
3. Marcela y unos amigos andaban a caballo.
4. Carlitos acampaba.
5. Gloria practicaba esquí acuático.
6. Yo...

J Discrepancias.

1. No me gustaría visitar ni Toledo ni Granada.
2. No me gustaría visitar Salamanca tampoco.
3. No quiero aprender nada acerca del cine español.
4. Nunca me ha interesado el cine español.
5. No he leído ningún artículo interesante acerca de Pedro Almodóvar.

K ¿Qué le pasará?

1. nadie
2. nunca
3. ni ... ni
4. ningún

Vocabulario activo

L Identificaciones.

1. cuñado
2. nieto(a)
3. sobrinas
4. bisabuelos
5. gemelos
6. tíos
7. nuera
8. padrino, madrina
9. suegros
10. media hermana
11. yerno
12. madrastra

M Lógica.

1. f
2. g
3. a
4. d
5. b

UNIDAD 3
LECCIÓN 1

¡A escuchar!

Gente del Mundo 21

A Elena Poniatowska.

1. C
2. F
3. N/R
4. F
5. C

Gramática en contexto: *narración*

B Hernán Cortés.

1. b
2. c
3. a
4. a
5. c

C Frida Kahlo.

1. C
2. F
3. C
4. C
5. F
6. C

D Inés y su hermana.

1. su hermana
2. Inés
3. Inés
4. su hermana
5. su hermana
6. Inés

Acentuación y ortografía

E Adjetivos y pronombres demostrativos.

1. Este, aquél
2. Aquella, ésa
3. Ese, éste
4. estos, ésos
5. esos, éste

ANSWER KEY

F Palabras interrogativas, exclamativas y relativas.

1. ¿Quién llamó?
   ¿Quién? El muchacho a quien conocí en la fiesta.
2. ¿Adónde vas?
   Voy adonde fui ayer.
3. ¡Cuánto peso! Ya no voy a comer nada.
   ¡Qué exagerada eres, hija! Come cuanto quieras.
4. ¿Quién sabe dónde viven?
   Viven donde vive Raúl.
5. ¡Qué partido más interesante!
   ¡Cuándo vienes conmigo otra vez?
6. Lo pinté como me dijiste.
   ¡Cómo es posible!
7. ¿Trajiste el libro que te pedí?
   ¿Qué libro? ¿El que estaba en la mesa?
8. Cuando era niño, nunca hacía eso.
   Lo que yo quiero saber es, ¿cuándo aprendió?

G Dictado.

México: tierra de contrastes

Para cualquier visitante, México es una tierra de contrastes: puede apreciar montañas altas y valles fértiles, así como extensos desiertos y selvas tropicales. En México, lo más moderno convive con lo más antiguo. Existen más de cincuenta grupos indígenas, cada uno con su propia lengua y sus propias tradiciones culturales. Pero en la actualidad la mayoría de los mexicanos son mestizos, o sea, el resultado de la mezcla de indígenas y españoles. De la misma manera que su gente, la historia y la cultura de México son muy variadas.

¡A explorar!

Gramática en contexto: *narrar y solicitar preferencias*

H Los aztecas.

1. eran	5. fundaron
2. llegaron	6. tenía
3. dominaron	7. comenzó
4. se extendía	8. fueron

I Fuimos al cine.

1. estábamos	8. interpretó
2. decidimos	9. respetó
3. estaban	10. entregó
4. fuimos	11. fuimos
5. gustó	12. dijo
6. hizo	13. gustaba
7. preparaba	

J Mi familia.

1. Mi	5. Mi/Nuestro
2. mi	6. su
3. nuestros	7. Su
4. Mis/Nuestros	

K Preferencias.

1. ¿Y la tuya?	4. ¿Y el tuyo?
2. ¿Y las tuyas?	5. ¿Y la tuya?
3. ¿Y los tuyos?	

Vocabulario activo

L Sopa de letras.

Vertical	**Horizontal**
berenjena	espinacas
zanahoria	chayote
lechuga	epazote
calabaza	pimientos
espárragos	alcachofa
Diagonal	
cebolla	apio
champiñones	brocolí
nopal	calabacitas
rábano	elotes
ajo	pepino

Respuesta a la pregunta:

¡El regateo es una parte de la cultura diaria y no un juego!

M Sinónimos.

1. f	6. c
2. d	7. i
3. j	8. b
4. a	9. e
5. h	10. g

¡A escuchar!

Gente del Mundo 21

A Miguel Ángel Asturias.

1. F	4. C
2. C	5. N/R
3. F	6. C

Gramática en contexto: *narración descriptiva y expresar opiniones impersonales*

B Los mayas.

1. Sí	4. No	6. Sí
2. No	5. No	7. No
3. Sí		

C Opiniones impersonales.

1. Sí	4. No	6. No
2. No	5. Sí	7. Sí
3. Sí		

Pronunciación y ortografía

D Los sonidos /k/ y /s/.

1. /k/	5. /s/	8. /s/, /k/
2. /k/	6. /k/	9. /k/
3. /s/	7. /k/, /s/	10. /s/
4. /s/		

F Deletreo del sonido /s/.

1. capitanía	6. oligarquía
2. opresión	7. surgir
3. bloquear	8. comunista
4. fuerza	9. urbanizado
5. resolver	10. coronel

G Dictado.

La civilización maya

Hace más de dos mil años los mayas construyeron pirámides y palacios majestuosos, desarrollaron el sistema de escritura más completo del continente y sobresalieron por sus avances en las matemáticas y la astronomía. Así, por ejemplo, emplearon el concepto del cero en su sistema de numeración, y crearon un calendario más exacto que el que se usaba en la Europa de aquel tiempo. La civilización maya prosperó primero en las montañas de Guatemala y después se extendió hacia la península de Yucatán, en el sureste de México y Belice.

¡A explorar!

Gramática en contexto: *describir lo que hacías y el tiempo*

H Temblor.

Answers may vary.

1. Yo manejaba por la ciudad cuando ocurrió el temblor.
2. Nosotros caminábamos por el río cuando ocurrió el temblor.
3. Nosotros jugábamos al béisbol cuando ocurrió el temblor.
4. Yo entraba al banco cuando ocurrió el temblor.
5. Nosotros conversábamos cuando ocurrió el temblor.

I Tiempo loco.

Answers may vary.

1. El martes, cuando llegué a casa, hacía mucho calor.
2. El miércoles, cuando llegué a la universidad, hacía viento.
3. El jueves, cuando salí de clase, estaba nublado.
4. El viernes, cuando salí de la biblioteca, llovía (estaba lloviendo).
5. El sábado, cuando llegué a la biblioteca, nevaba (estaba nevando).

J Resoluciones.

1. Papá volvió a jugar al golf.
2. Mamá se decidió a caminar.
3. Mi hermanita aprendió a nadar.
4. Los mellizos aprendieron a escalar rocas.
5. Yo... *(Answers will vary.)*

Vocabulario activo

K Definiciones.

1. b, c	4. a, b
2. a, c	5. a, c
3. b, c	

L Lógica.

1. ancianos	4. pensamiento
2. derechos	5. raza
3. leyes	

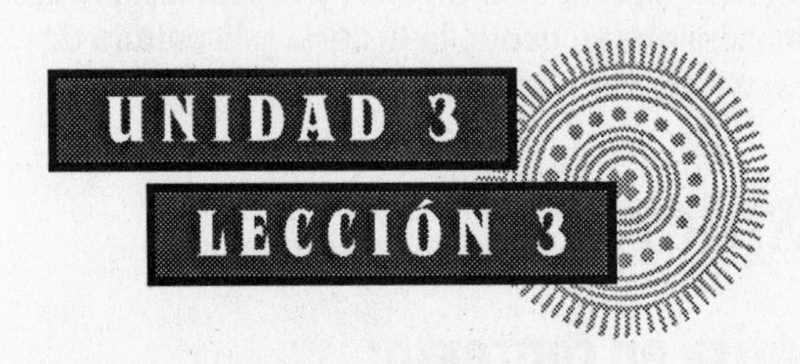

¡A escuchar!

Gente del Mundo 21

A Arzobispo asesinado.

1. F	4. N/R
2. C	5. F
3. F	6. C

Gramática en contexto: *narración*

B Tarea incompleta.

1. No	6. Sí
2. No	7. Sí
3. Sí	8. Sí
4. No	9. No
5. Sí	

C ¿Nicaragüense o salvadoreña?

1. a
2. a
3. c
4. b
5. b

Pronunciación y ortografía

D Los sonidos /g/ y /x/.

1. /x/
2. /g/
3. /x/
4. /g/
5. /g/
6. /x/
7. /x/
8. /g/
9. /x/
10. /g/

F Deletreo del sonido /x/.

1. gobernante
2. embajada
3. golpe
4. surgir
5. juego
6. tragedia
7. guerra
8. prestigioso
9. frijol
10. agencia

G Dictado.

El proceso de la paz

En 1984 el presidente de El Salvador, José Napoleón Duarte, inició negociaciones por la paz con el FMLN. En 1986, San Salvador sufrió un fuerte terremoto que ocasionó más de mil víctimas. Pero más muertos causó, sin embargo, la continuación de la guerra civil. Alfredo Cristiani, elegido presidente en 1989, firmó en 1992 un acuerdo de paz con el FMLN después de negociaciones supervisadas por las Naciones Unidas. Así, después de una guerra que causó más de 80.000 muertos y paralizó el desarrollo económico, el país se propone garantizar la paz que tanto le ha costado.

¡A explorar!

Gramática en contexto: *descripción*

H Hechos recientes.

1. Cambié mi estéreo por una bicicleta.
2. Estudié para mi examen de historia.
3. Caminé por el parque central.
4. Llamé a mi amigo Rubén por teléfono.
5. Compré un regalo para mi novio(a).
6. Leí un libro interesante por dos horas.
7. Fui a la biblioteca para consultar una enciclopedia.

I De prisa.

1. Por
2. para
3. para
4. por
5. Por
6. por
7. para

J Atleta.

1. para
2. por
3. por
4. por
5. Para
6. para

Vocabulario activo

K Palabras cruzadas.

ALCALDE
LEGISLADOR
INDEPENDIENTE
GOBERNADOR
DIPUTADO
REPUBLICANO
REPRESENTANTE
DEMÓCRATA
SENADOR

L Lógica.

1. nacionalista
2. opinar
3. derechos universales
4. gobernador
5. postula

¡A escuchar!

Gente del Mundo 21

A Reconocido artista cubano.

1. F
2. N/R
3. F
4. F
5. C
6. F

Gramática en contexto: *descripción de lo que no se ha hecho*

B Encargos.

Fig. A: –
Fig. B: 4
Fig. C: 1
Fig. D: –
Fig. E: 5
Fig. F: 2
Fig. G: –
Fig. H: 3

C La constitución de Cuba.

1. c
2. a
3. c
4. a
5. b

Pronunciación y ortografía

D Pronunciación de letras problemáticas: *b* y *v*.

1. S
2. S
3. F
4. F
5. S
6. F
7. S
8. F

E Deletreo con la *b* y la *v*.

Regla Nº 1:

1. **br**isa
2. alam**br**e
3. **bl**anco
4. **bl**oque
5. **bl**usa
6. ca**bl**e
7. co**br**e
8. **br**uja

Regla Nº 2:

1. so**mb**ra
2. e**nv**iar
3. ta**mb**or
4. i**nv**encible
5. i**nv**entar
6. e**mb**lema
7. e**nv**enenar
8. ru**mb**o

Regla Nº 3:

1. **ob**tener
2. **sub**marino
3. **ab**soluto
4. **bis**nieto
5. **abs**tracto
6. **ad**vertir
7. **obs**ervatorio
8. **ad**verbio

F Dictado.

El proceso de independencia de Cuba

Mientras que la mayoría de los territorios españoles de América lograron su independencia en la segunda década del siglo XIX, Cuba, junto con Puerto Rico, siguió siendo colonia española. El 10 de octubre de 1868 comenzó la primera guerra de la independencia cubana, que duraría diez años y en la cual 250.000 cubanos iban a perder la vida. En 1878 España consolidó nuevamente su control sobre la isla y prometió hacer reformas. Sin embargo, miles de cubanos que lucharon por la independencia salieron en exilio.

¡A explorar!

Gramática en contexto: *Describir un objeto, hablar de lo que no has hecho y escribir en estilo periodístico*

G El coche de la profesora.

1. usado
2. fabricado
3. importado
4. instaladas
5. preferido

H Obligaciones pendientes.

1. he hablado
2. ha ido
3. hemos escrito
4. han resuelto
5. hemos organizado
6. ha visto
7. han hecho

I Un fuerte cubano.

1. Está
2. fue
3. era
4. fueron
5. está

J Cultura cubana.

1. La esclavitud se abolió en Cuba en 1886.
2. La esclavitud se suprimió antes de 1886 en el resto del Caribe.
3. Lo africano se mantuvo en Cuba por mucho tiempo.
4. Muchos ritmos actuales se tomaron de la música africana.
5. La santería, mezcla de creencias católicas y yorubas, se practica entre las clases populares.

K Historia de Cuba.

1. Las costas de Cuba fueron recorridas por Sebastián de Ocampo en 1508.
2. Cuba fue conquistada por Diego Velázquez en 1511.
3. La Habana fue fundada por Diego Velázquez en 1515.
4. El cultivo de la caña de azúcar fue introducido por los españoles después de 1526.
5. La isla fue controlada por los ingleses entre 1762 y 1763.

Vocabulario activo

L Descripciones.

1. g
2. j
3. f
4. a
5. b
6. i
7. h
8. c
9. d
10. e

M Lógica.

1. chequere
2. güiro
3. salado
4. maracas
5. sabroso

ANSWER KEY

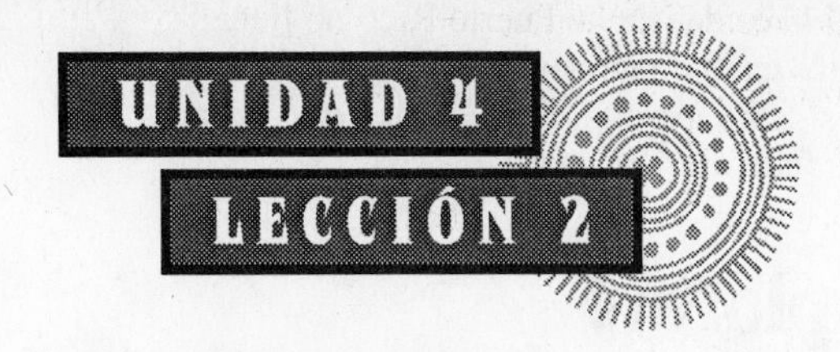

¡A escuchar!

Gente del Mundo 21

A Elecciones dominicanas.

1. F	**4.** F
2. C	**5.** N/R
3. F	

Gramática en contexto: *narración y comprensión de mandatos*

B Órdenes.

Fig. A: 3	**Fig. D:** 2
Fig. B: 4	**Fig. E:** 6
Fig. C: 1	**Fig. F:** 5

C Discurso político.

1. No	**5.** Sí
2. Sí	**6.** Sí
3. Sí	**7.** No
4. No	

Pronunciación y ortografía

D Pronunciación y ortografía de las letras *q*, *k* y *c*.

1. conexión	**5.** quiché
2. arqueológico	**6.** bloquear
3. comerciante	**7.** derrocado
4. magnífico	**8.** Quetzalcóatl

E Dictado.

La cuna de América

El 6 de diciembre de 1492, Cristóbal Colón descubrió una isla que sus habitantes originales, los taínos, llamaban Quisqueya. Con su nuevo nombre de La Española, dado por Colón, la isla se convirtió en la primera colonia española y cuna del Imperio Español en América. Se calcula que antes de la llegada de los españoles, había aproximadamente un millón de taínos en la isla; cincuenta años más tarde esta población había sido reducida a menos de quinientos.

¡A explorar!

Gramática en contexto: *hablar de esperanzas, dar instrucciones y hacer recomendaciones*

F Futuras vacaciones.

1. Ojalá no llueva todo el tiempo.
2. Ojalá tenga tiempo para visitar muchos lugares.
3. Ojalá consiga boletos para el Teatro Nacional.
4. Ojalá pueda ver un partido de béisbol.
5. Ojalá haya conciertos de música popular.
6. Ojalá aprenda a bailar merengue.
7. Ojalá alcance a ver algunos museos coloniales.
8. Ojalá me divierta mucho.

G Plátanos maduros fritos.

1. Elija plátanos bien maduros.
2. Pélelos.
3. Córtelos a lo largo.
4. Fríalos en aceite.
5. Ponga atención y no los queme.
6. Sáquelos cuando estén ligeramente dorados.

H Recomendaciones.

1. Entrénate	**5.** Haz
2. faltes	**6.** Sal
3. llegues	**7.** te desanimes
4. Concéntrate	

I Consejos.

1. Hagan una lectura rápida del texto.
2. Lean el texto por lo menos dos veces.
3. Tomen notas.
4. Resuman brevemente la lección.
5. Organícense en grupos de estudios de vez en cuando.

Vocabulario activo

J Descripciones.

1. c	**6.** b
2. g	**7.** d
3. j	**8.** f
4. i	**9.** e
5. a	**10.** h

K Lógica.

1. montar a caballo	**4.** pelota
2. hacer windsurf	**5.** beisbolista
3. árbitro	

¡A escuchar!

Gente del Mundo 21

A Luis Muñoz Marín.

1. C
2. F
3. C
4. C
5. F

Gramática en contexto: *entender opiniones expresadas*

B El futuro de Puerto Rico.

1. Sí
2. No
3. No
4. Sí
5. Sí
6. No

C ¿Estado número 51?

1. Sí
2. Sí
3. No
4. Sí
5. Sí
6. No
7. No

Pronunciación y ortografía

D Guía para el uso de la letra *c*.

1. /s/
2. /s/
3. /k/
4. /k/
5. /k/
6. /s/
7. /k/
8. /k/
9. /s/
10. /k/

E Deletreo con la letra *c*.

1. escenario
2. asociado
3. colono
4. denominación
5. gigantesco
6. caña
7. presencia
8. acelerado
9. petroquímico
10. farmacéutico

F Dictado.

Estado Libre Asociado de EE.UU.

En 1952 la mayoría de los puertorriqueños aprobó una nueva constitución que garantizaba un gobierno autónomo, el cual se llamó Estado Libre Asociado (ELA) de Puerto Rico. El principal promotor de esta nueva relación fue el primer gobernador elegido por los puertorriqueños, Luis Muñoz Marín.

Bajo el ELA, los residentes de la isla votan por su gobernador y sus legisladores estatales y a su vez mandan un comisionado a Washington D.C. para que los represente. Pero a diferencia de un estado de EE.UU., los residentes de Puerto Rico no tienen congresistas en el congreso federal ni pueden votar por el presidente, pero tampoco tienen que pagar impuestos federales.

¡A explorar!

Gramática en contexto: *expresar opiniones*

G Vida de casados.

1. Es esencial que se respeten mutuamente.
2. Es recomendable que sean francos.
3. Es mejor que compartan las responsabilidades.
4. Es necesario que se tengan confianza.
5. Es preferible que ambos hagan las tareas domésticas.
6. Es bueno que ambos puedan realizar sus ambiciones profesionales.

H El béisbol en el Caribe.

1. Es dudoso que muchos norteamericanos sepan lo importante que es el béisbol en el Caribe.
2. Es evidente que a los caribeños les gusta mucho el béisbol.
3. Es curioso que haya tantos beisbolistas caribeños talentosos.
4. Es fantástico que muchos jugadores profesionales de EE.UU. vengan del Caribe.
5. Es cierto que muchos jugadores caribeños triunfan en las grandes ligas.
6. Es increíble que los equipos de las grandes ligas mantengan academias de béisbol en la República Dominicana.
7. Es natural que muchos jugadores caribeños prefieran jugar en EE.UU.

I Reacciones.

Answers will vary slightly.

1. Es bueno que Enrique busque trabajo.
2. Es una lástima que Gabriela esté enferma.
3. Es sorprendente que Javier reciba malas notas.
4. Me alegra que Yolanda trabaje como voluntaria en el hospital.
5. Es triste que Lorena no participe en actividades extracurriculares.
6. Es malo que Gonzalo no dedique muchas horas al estudio.
7. Es estupendo que a Carmela le interese la música caribeña.

J Explicación posible.

Answers will vary.

1. Es probable que duerma poco.
2. Es posible que no estudie mucho.
3. Es posible que no le guste su trabajo.
4. Es probable que se levante tarde.
5. Es probable que no le interese la física.
6. Es posible que esté muy ocupada.

Vocabulario activo

K Descripciones.

1. g
2. e
3. h
4. b
5. a
6. j
7. i
8. d
9. f
10. c

L Lógica.

1. frontera
2. jubilado
3. apellido
4. registrar
5. contrabando

UNIDAD 5

LECCIÓN 1

¡A escuchar!

A La expresidenta de Nicaragua.

1. F
2. N/R
3. C
4. C
5. C

Gramática en contexto: *narración descriptiva*

B León.

1. c
2. b
3. a
4. c
5. a

C Pequeña empresa.

1. Sí
2. No
3. Sí
4. Sí
5. No
6. No

Pronunciación y ortografía

D Guía para el uso de la letra *z*.

1. zorro
2. venganza
3. fortaleza
4. azúcar
5. fuerza
6. garantizar
7. lanzador
8. forzado
9. mezclar
10. nacionalizar

E Deletreo con la letra *z*.

1. golpazo
2. escasez
3. Álvarez
4. González
5. golazo
6. pereza
7. garrotazo
8. López
9. espadazo
10. rigidez

F Dictado.

El proceso de la paz

En noviembre de 1984 Daniel Ortega, líder del Frente Sandinista, fue elegido presidente de Nicaragua. Seis años más tarde fue derrotado en elecciones libres por la candidata de la Unión Nacional Opositora, Violeta Barrios de Chamorro. El gobierno de Chamorro logró la pacificación de los contras, reincorporó la economía nicaragüense al mercado internacional y reanudó lazos de amistad con EE.UU. En 1997, Chamorro entregó la presidencia a Arnoldo Alemán Lecayo quien había vencido a Daniel Ortega, el candidato sandinista, en elecciones democráticas. Desde entonces se vio un mejoramiento en la economía del país debido a la exportación de azúcar y la liberalización del intercambio internacional. Desafortunadamente, la devastación del huracán Mitch en 1998 forzó al gobierno a concentrarse en la reconstrucción del país al pasar al siglo XXI.

¡A explorar!

Gramática en contexto: *descripción*

G Explicaciones.

1. que
2. que (el cual)
3. que
4. las cuales (las que)
5. que
6. quien
7. cuyo

H Juguetes.

1. Éstos son los soldaditos de plomo que mi tío Rubén me compró en Nicaragua.
2. Éste es el balón que uso para jugar al básquetbol.
3. Éstos son los títeres con los que (con los cuales) juego a menudo.
4. Éste es un coche eléctrico que me regaló mi papá el año pasado.
5. Éstos son los jefes del ejército delante de los cuales desfilan mis soldaditos de plomo.

I Profesiones ideales.

1. permita
2. haya
3. gane
4. requiera
5. pueda

J Fiesta de disfraces.

1. sea
2. es
3. va
4. dé
5. parezca
6. tenga

ANSWER KEY

Vocabulario activo

K Lógica.

1. carretera
2. camioneta
3. buque
4. sin escalas
5. pedal

L Relación.

1. h
2. a
3. f
4. j
5. i
6. b
7. d
8. e
9. c
10. g

¡A escuchar!

Gente del Mundo 21

A Lempira.

1. F
2. N/R
3. F
4. C
5. F
6. C

Gramática en contexto: *narración descriptiva*

B La Ceiba.

1. Sí
2. No
3. No
4. Sí
5. No
6. No
7. Sí
8. Sí

C Las ruinas de Copán.

1. c
2. b
3. b
4. a
5. c

Pronunciación y ortografía

D Guía para el uso de la letra *s*.

1. asumir
2. acusar
3. victorioso
4. siglo
5. sandinista
6. abuso
7. serie
8. asalto
9. depresión
10. sociedad

E Deletreo con la letra *s*.

1. pianista
2. cordobés
3. explosión
4. perezoso
5. parisiense
6. gaseosa
7. leninismo
8. confusión
9. posesivo
10. periodista

F Dictado.

La independencia de Honduras

Como provincia perteneciente a la Capitanía General de Guatemala, Honduras se independizó de España en 1821. Como el resto de los países centroamericanos, se incorporó al efímero Imperio Mexicano de Agustín de Iturbide y formó parte de la federación de las Provincias Unidas de Centroamérica. En la vida política de la federación sobresalió el hondureño Francisco Morazán, que fue elegido presidente en 1830 y 1834. El 5 de noviembre de 1838 Honduras se separó de la federación y proclamó su independencia.

¡A explorar!

Gramática en contexto: *expresar condiciones, opiniones y esperanzas*

G Interesado.

1. No te lavo el coche a menos que tú me des cinco dólares.
2. Te compro el periódico con tal que yo pueda comprarme un helado.
3. No te llevo la ropa a la tintorería a menos que tú me lleves al cine.
4. Te doy los mensajes telefónicos con tal que tú me traigas chocolates.
5. Te echo las cartas al correo con tal que tú me lleves a los juegos de vídeo.

H Reformas.

1. sean
2. está
3. consigan
4. sufra
5. ayuda

I Entrevista.

1. ponga
2. permita
3. tengo
4. ofrezca
5. es

Vocabulario activo

J Relación.

1. ingreso
2. invertir
3. incrementar
4. compañía
5. compañías multinacionales

K La economía global.

Horizontal

contratar	ingreso
controlar	tasa
aumentar	importar
crédito	inversión

Vertical

invertir	exportar
empleo	desempleo
país	beneficio
proveer	presupuesto
empresa	

Diagonal

incrementar	bolsa
acción	inversionista
obrera	

Las companías multinacionales traen: ¡buenos salarios y nueva tecnología!

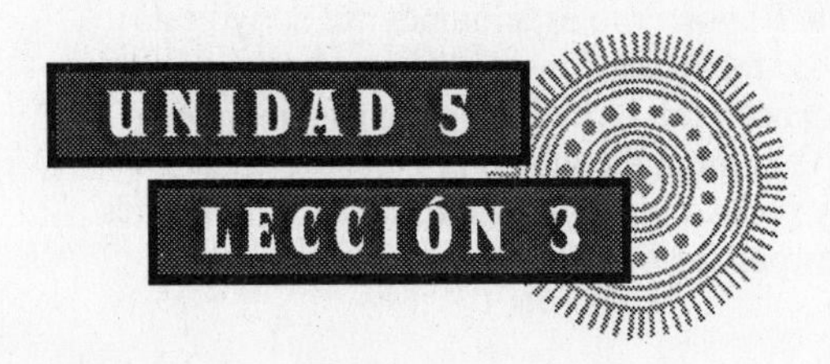

¡A escuchar!

Gente del Mundo 21

A Político costarricense.

1. C	3. F	5. F
2. N/R	4. C	

Gramática en contexto: *narración descriptiva*

B Costa Rica.

1. b	3. b	5. a
2. a	4. c	

C Tareas domésticas.

1. G	3. A	5. B
2. D	4. E	

Pronunciación y ortografía

D Guía para el uso de la letra *x*.

1. /s/	6. /s/
2. /s/	7. /ks/
3. /ks/	8. /s/
4. /s/	9. /ks/
5. /ks/	10. /s/

E Deletreo con la letra x.

1. expulsar	6. reflexión
2. exagerar	7. examinar
3. explosión	8. extranjero
4. crucifixión	9. exterior
5. extraño	10. exiliado

F Dictado.

Costa Rica: país ecológico

Debido a la acelerada desforestación de las selvas que cubrían la mayor parte del territorio de Costa Rica, se ha establecido un sistema de zonas protegidas y parques nacionales. En proporción a su área, es ahora uno de los países que tiene más zonas protegidas (el 26% del territorio tiene algún tipo de protección, el 8% está dedicado a parques nacionales). Estados Unidos, por ejemplo, ha dedicado a parques nacionales solamente el 3,2% de su superficie.

¡A explorar!

Gramática en contexto: *expresar opiniones y hablar del pasado*

G ¿Cuándo es mejor casarse?

1. Cuando terminen la escuela secundaria.
2. Cuando se gradúen de la universidad.
3. Cuando tengan por lo menos veinticinco años.
4. Cuando estén seguros de que están enamorados.
5. Cuando sientan que pueden afrontar las responsabilidades.

H Paseo matutino.

1. salimos	3. caminábamos	5. salimos
2. vimos	4. alcanzamos	6. llegamos

I Alternativas.

1. Aunque Costa Rica sufre desforestación, existe también un programa de conservación de los recursos naturales.
2. Aunque Costa Rica es más grande que El Salvador, tiene menos habitantes.
3. Aunque Costa Rica no tiene ejército, tiene una guardia civil.
4. Aunque la pequeña población indígena costarricense goza de medidas de protección del gobierno, no vive en condiciones de vida muy buenas.
5. Aunque Costa Rica posee vastos depósitos de bauxita, no han sido explotados.
6. Aunque los parques nacionales son una gran atracción turística, muchos están localizados en lugares remotos.

J Mañana ocupada.

1. me levante
2. regrese
3. tomo
4. termine
5. juega
6. complete
7. llegue
8. llega

Vocabulario activo

K Costa Rica.

1. parques nacionales
2. reservas biológicas
3. zonas protegidas

Respuesta a la pregunta:

Conciencia ecológica

L Relación.

1. h
2. e
3. a
4. i
5. j
6. b
7. d
8. c
9. g
10. f

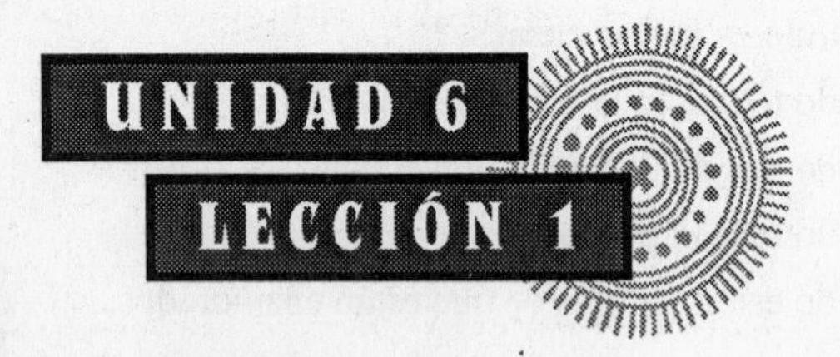

¡A escuchar!

Gente del Mundo 21

A Premio Nobel de Literatura.

1. C
2. F
3. F
4. C
5. N/R
6. C

Gramática en contexto: *hablar del futuro*

B La Catedral de Sal.

1. a
2. a
3. b
4. c
5. b

C Actividades del sábado.

Fig. A: –
Fig. B: 1
Fig. C: 4
Fig. D: –
Fig. E: 3
Fig. F: 5
Fig. G: 2
Fig. H: –

Pronunciación y ortografía

E Pronunciación de *ge* y *gi*.

1. obligar
2. gobierno
3. guerra
4. proteger
5. sagrado
6. negociar
7. gigantesco
8. prestigioso
9. gravemente
10. exagerar

F Deletreo con la letra *g*.

1. geología
2. encoger
3. surgir
4. genética
5. elegir
6. legítimo
7. güera
8. exigir
9. geografía
10. legislador

G Dictado.

Guerra de los Mil Días y sus efectos

Entre 1899 y 1903 tuvo lugar la más sangrienta de las guerras civiles colombianas, la Guerra de los Mil Días, que dejó al país exhausto. En noviembre de ese último año, Panamá declaró su independencia de Colombia. El gobierno estadounidense apoyó esta acción pues facilitaba considerablemente su plan de abrir un canal a través del istmo centroamericano. En 1914 Colombia reconoció la independencia de Panamá y recibió una compensación de 25 millones de dólares por parte de Estados Unidos.

¡A explorar!

Gramática en contexto: *hablar del futuro, predecir y hacer suposiciones*

H Deportes.

Answers may vary.

1. Nadaré en la piscina municipal.
2. Levantaré pesas.
3. Miraré un partido de béisbol.
4. Jugaré al tenis.
5. Pasearé en mi bicicleta.

I Predicciones.

1. Estarás
2. Obtendrás
3. Harás
4. Conocerás
5. Le propondrás
6. Tendrás
7. Deberás
8. Serás

J ¿Quién será?

1. ¿Vendrá de otro país?
2. ¿Hablará español muy rápido?
3. ¿Sabrá hablar inglés?
4. ¿Podrá entender lo que nosotros decimos?
5. ¿Tendrá nuestra edad?
6. ¿Nos dará una charla?
7. ¿Le gustarán los deportes?

Vocabulario activo

K Drogas.

1. c
2. b
3. a
4. c
5. b

L Lógica.

1. heroína
2. narcotraficante
3. jeringa
4. estimulante
5. narcotráfico

UNIDAD 6 LECCIÓN 2

¡A escuchar!

Gente del Mundo 21

A Un cantante y político.

1. C
2. C
3. N/R
4. C
5. F

Gramática en contexto: *descripción*

B Los cunas.

1. b
2. a
3. c
4. c
5. a

C Sueños.

Fig. A: 3
Fig. B: –
Fig. C: 2
Fig. D: 1
Fig. E: –
Fig. F: 5
Fig. G: –
Fig. H: 4

Pronunciación y ortografía

D Guía Para el uso de la letra *j*.

1. **j**unta
2. fran**j**a
3. extran**j**ero
4. lengua**j**e
5. via**j**ero
6. homena**j**e
7. porcenta**j**e
8. **j**abón
9. tra**j**e
10. **J**alisco

E Deletreo con la letra *j*.

1. conse**jero**
2. redu**jeron**
3. di**jo**
4. relo**jería**
5. mensa**je**
6. condu**jimos**
7. paisa**je**
8. relo**jero**
9. tra**jiste**
10. mane**jaron**

F Deletreo del sonido /x/.

1. ori**g**en
2. **j**ugador
3. tradu**j**eron
4. reco**j**imos
5. le**g**ítimo
6. traba**j**adora
7. e**j**ército
8. exi**g**en
9. con**g**estión
10. encruci**j**ada

G Dictado.

La independencia de Panamá y la vinculación con Colombia

Panamá permaneció aislada de los movimientos independentistas ya que su único medio de comunicación por barco estaba controlado por las autoridades españolas. La independencia se produjo sin violencia cuando una junta de notables la declaró en la ciudad de Panamá el 28 de noviembre de 1821, que se conmemora como la fecha oficial de la independencia de Panamá. Pocos meses más tarde, Panamá se integró a la República de la Gran Colombia junto con Venezuela, Colombia y Ecuador.

¡A explorar!

Gramática en contexto: *probabilidad*

H Soluciones.

1. Defendería
2. Evitaría
3. Propondría
4. Daría
5. Sabría
6. Desarrollaría
7. Ofrecería
8. Haría

I Próxima visita.

1. iría
2. enviaría
3. tendría
4. saldría
5. visitaría

J Cliente descontento.

1. Querría
2. Preferiría
3. Desearía
4. gustaría
5. Debería

ANSWER KEY

K Ausencia.

1. ¿Necesitaría ocuparse de su hermanito?
2. ¿Creería que la reunión era otro día?
3. ¿No podría salir del trabajo a esa hora?
4. ¿Tendría una emergencia?
5. ¿Se le descompondría el coche?

Vocabulario activo

L Relación.

1. puntadas
2. cuero
3. cerámica
4. aguja
5. barro

M Crucigrama.

Vertical

1 cinturón
3 vidriería
4 tallado
5 tijeras
6 cestería
10 diseños

Horizontal

2 vidrio
7 alfarería
8 soplar
9 tejer
11 molas
12 coser
13 telas

¡A escuchar!

Gente del Mundo 21

A Carolina Herrera.

1. F
2. C
3. F
4. F
5. C

Gramática en contexto: *descripción e instrucciones*

B Colonia Tovar.

1. Sí
2. No
3. No
4. Sí
5. Sí
6. Sí
7. No
8. Sí

C Boleto del metro.

Fig. A: 6
Fig. B: 4
Fig. C: 1
Fig. D: 8
Fig. E: 2
Fig. F: 7
Fig. G: 5
Fig. H: 3

Pronunciación y ortografía

D Guía para el uso de la letra *h*.

1. **he**redar
2. pro**hi**bir
3. re**hu**sar
4. **hie**rro
5. **hue**lga
6. **ho**stilidad
7. ve**he**mente
8. **hé**roe
9. ex**ha**lar
10. **hor**miga

E Deletreo con la letra *h*.

1. **hecto**gramo
2. **helio**terapia
3. **hidro**soluble
4. **hosp**edar
5. **hidro**stática
6. **hipo**tensión
7. **hectó**grafo
8. **hosp**italizar
9. **hexa**gonal
10. **hipo**teca

F Dictado.

El desarrollo industrial

En la década de los 60, Venezuela alcanzó un gran desarrollo económico que atrajo a muchos inmigrantes de Europa y de otros países sudamericanos. En 1973 los precios del petróleo se cuadruplicaron como resultado de la guerra árabe-israelí y de la política de la Organización de Países Exportadores de Petróleo (OPEP), de la cual Venezuela era socio desde su fundación en 1960. En 1976 el presidente Carlos Andrés Pérez nacionalizó la industria petrolera, lo que proveyó al país mayores ingresos que permitieron impulsar el desarrollo industrial.

¡A explorar!

Gramática en contexto: *hablar del pasado y expresar condiciones*

G Padres descontentos.

1. distribuyera
2. leyera
3. ayudara
4. pusiera
5. me peleara

H Vida poco activa.

1. Jugaría al golf si tuviera dinero para el equipo.
2. Iría a pescar si viviera más cerca del río.
3. Correría por el parque si pudiera hacerlo con unos amigos.
4. Iría a acampar si soportara dormir sobre el suelo.
5. Me metería en una balsa si supiera nadar.

Vocabulario activo

I Lógica.

1. fuego
2. alce
3. conejo
4. pavo
5. zafiro

J Relación.

1. d
2. g
3. f
4. e
5. b
6. h
7. a
8. c

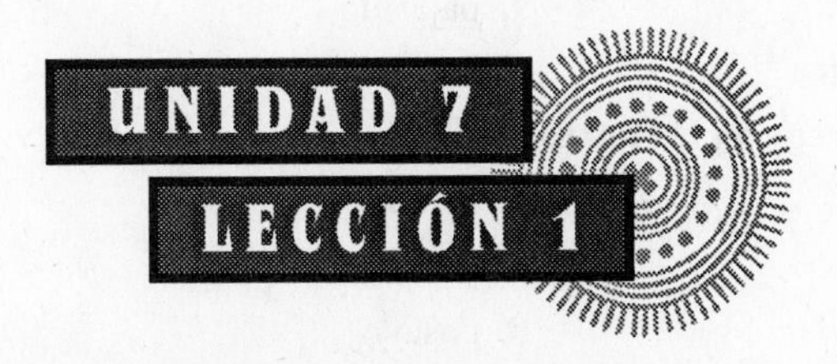

¡A escuchar!

Gente del Mundo 21

A Político peruano.

1. C
2. C
3. F
4. N/R
5. F
6. C

Gramática en contexto: *narración y permisos*

B Perú precolombino.

1. Sí
2. Sí
3. No
4. Sí
5. Sí
6. No

C Abuelos tolerantes.

Fig. A: 3
Fig. B: 5
Fig. C: –
Fig. D: 2
Fig. E: 1
Fig. F: 4
Fig. G: –
Fig. H: –

Pronunciación y ortografía

D Guía para el uso de la letra *y*.

1. /y/
2. /i/
3. /y/
4. /y/
5. /i/
6. /y/
7. /i/
8. /i/
9. /y/
10. /y/

E Deletreo con la letra *y*.

1. ayunas
2. hay
3. cayendo
4. bueyes
5. huyan
6. Paraguay
7. reyes
8. ayacuchano
9. vayan
10. ayudante

F Dictado.

Las grandes civilizaciones antiguas de Perú

Miles de años antes de la conquista española, las tierras que hoy forman Perú estaban habitadas por sociedades complejas y refinadas. La primera gran civilización de la región andina se conoce con el nombre de Chavín y floreció entre los años 900 y 200 a.C. en el altiplano y la zona costera del norte de Perú. Después siguió la cultura mochica, que se desarrolló en una zona más reducida de la costa norte de Perú. Los mochicas construyeron las dos grandes pirámides de adobe que se conocen como Huaca del Sol y Huaca de la Luna. Una extraordinaria habilidad artística caracteriza las finas cerámicas de los mochicas.

¡A explorar!

Gramática en contexto: *expresar pedidos, temores y decisiones*

G Tarea.

1. repasaran
2. escribieran
3. leyeran
4. hicieran
5. trajeran
6. estuvieran

H Temores.

1. Pensábamos que alguien podría enfermarse.
2. Temíamos que el vuelo fuera cancelado.
3. Dudábamos que todos llegaran al aeropuerto a la hora correcta.
4. Estábamos seguros de que alguien olvidaría el pasaporte.
5. Temíamos que un amigo cambiara de opinión a última hora y decidiera no viajar.

I Coches.

1. daba
2. partía
3. hacía
4. fuera
5. estuviera
6. gastara
7. pidiera

Vocabulario activo

J El cuerpo humano.

a. los ojos	**n.** la cabeza
b. la oreja	**o.** la nariz
c. los labios	**p.** la boca
d. el mentón	**q.** el cuello
e. el brazo	**r.** el hombro
f. el pecho	**s.** la espalda
g. el codo	**t.** el estómago
h. la muñeca	**u.** la cintura
i. la mano	**v.** la cadera
j. los dedos	**w.** el muslo
k. la rodilla	**x.** la pierna
l. la pantorrilla	**y.** el pie
m. el tobillo	

K Antónimos.

1. f	**5.** c
2. d	**6.** h
3. a	**7.** b
4. g	**8.** e

¡A escuchar!

Gente del Mundo 21

A Político ecuatoriano.

1. C	**4.** C
2. F	**5.** F
3. N/R	**6.** C

Gramática en contexto: *descripción*

B Otavalo.

1. C	**5.** C
2. F	**6.** C
3. F	**7.** F
4. C	

C Excursión.

Fig. A: -	**Fig. E:** 2
Fig. B: -	**Fig. F:** 3
Fig. C: 5	**Fig. G:** 1
Fig. D: -	**Fig. H:** 4

D Listening exercise.

Pronunciación y ortografía

E Deletreo con la letra *ll*.

1. rabi**ll**o	**6.** coneji**ll**o
2. torreci**ll**a	**7.** marti**ll**o
3. piloncillo	**8.** ladri**ll**o
4. torti**ll**a	**9.** pajari**ll**o
5. rastri**ll**o	**10.** piececi**ll**o

F Deletreo con las letras *y* y *ll*

1. orilla	**6.** caudillo
2. yerno	**7.** semilla
3. mayoría	**8.** ensayo
4. batalla	**9.** pesadilla
5. leyes	**10.** guayabera

G Dictado.

Época más reciente

A partir de 1972, cuando se inició la explotación de sus reservas petroleras, Ecuador ha tenido un acelerado desarrollo industrial. Esto ha modificado substancialmente las estructuras económicas tradicionales basadas en la agricultura. Aunque la exportación de plátanos sigue siendo importante, la actividad económica principal está relacionada ahora con el petróleo. Se han construido refinerías, la más importante de las cuales es la de Esmeraldas. El desarrollo económico ha traído al país una mayor estabilidad política y desde 1979 se ha renovado el gobierno a través de elecciones democráticas.

¡A explorar!

Gramática en contexto: *condiciones y promesas*

H Invitación rechazada.

1. Ernestina dijo que iría con tal de que no tuviera que salir con una amiga.
2. Sergio dijo que vería la obra en caso de que el patrón no lo llamara para trabajar esa noche.
3. Pilar dijo que saldría conmigo con tal de que yo invitara a su novio también.
4. Pablo dijo que no saldría de su cuarto sin que el trabajo de investigación quedara terminado.
5. Rita dijo que me acompañaría a menos que su madre la necesitara en casa.

I Promesas.

1. me bañara; me arreglara
2. me entregara
3. leyera
4. terminara
5. volviera

J Ayuda.

1. se desocupara
2. se sentía; necesitaba
3. terminaran
4. trabajaba
5. comenzaran
6. hicieran

Vocabulario activo

K Lógica.

1. tamborilero
2. Noche Buena
3. Día de los Muertos
4. Día del santo
5. Día de las Madres

L Palabras cruzadas.

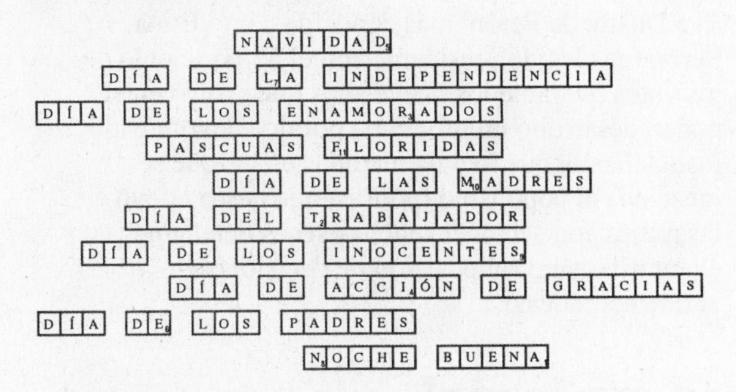

¡Tener a toda la familia presente!

Pronunciación y ortografía

C Guía para el uso de la *r* y la *rr*.

1. /r̃/
2. /r̃/
3. /ř/
4. /ř/
5. /r̃/
6. /r̃/
7. /r̃/
8. /ř/
9. /r̃/, /ř/
10. /ř/

D Deletreo con los sonidos /ř/ y /r̃/.

1. territorio
2. Enriqueta
3. irreverente
4. prosperar
5. ferrocarril
6. revolución
7. interrumpir
8. fuerza
9. serpiente
10. enriquecerse

E Deletreo de palabras parónimas.

1. pero / perro
2. corral / coral
3. ahorra / ahora
4. para / parra
5. cerro / cero
6. hiero / hierro
7. caro / carro
8. forro / foro

F Dictado.

Las consecuencias de la independencia en Bolivia

La independencia trajo pocos beneficios para la mayoría de los habitantes de Bolivia. El control del país pasó de una minoría española a una minoría criolla muchas veces en conflicto entre sí por intereses personales. A finales del siglo XIX, las ciudades de Sucre y La Paz se disputaron la sede de la capital de la nación. Ante la amenaza de una guerra civil, se optó por la siguiente solución: la sede del gobierno y el poder legislativo se trasladaron a La Paz, mientras que la capitalidad oficial y el Tribunal Supremo permanecieron en Sucre.

¡A escuchar!

Gente del Mundo 21

A Líder boliviano.

1. C
2. N/R
3. C
4. C
5. F
6. F

Gramática en contexto: *narración descriptiva*

B El lago Titicaca.

1. c
2. a
3. b
4. b
5. a

¡A explorar!

Gramática en contexto: *hablar de lo que has o no has hecho y reaccionar a lo recién ocurrido*

G Buenas y malas noticias.

Answers will vary.

1. Es fantástico que hayas encontrado un trabajo de tiempo parcial.
2. Es una lástima que no te hayas sentido muy bien ayer.
3. Es importante que te haya ido bien en el examen de español.
4. Me alegra que hayas recibido un regalo de tu mejor amigo(a).
5. No es bueno que hayas tenido una discusión con tus padres.
6. Es terrible que anoche no hayas podido ir al concierto de tu grupo favorito.

ANSWER KEY

H Visita a Bolivia.

1. han visitado
2. han estado
3. hayan podido
4. han sufrido
5. haya afectado
6. han conocido
7. han paseado

Vocabulario activo

I Lógica.

1. volantes
2. gafas
3. lunares
4. tallas
5. encaje

J Opciones.

1. c
2. a
3. c
4. b
5. b

¡A escuchar!

Gente del Mundo 21

A Escritor argentino.

1. C
2. F
3. C
4. F
5. F
6. N/R

Gramática en contexto: *narración informativa y explicación de lo que habría hecho*

B El tango.

1. c
2. b
3. a
4. c
5. b

C Planes malogrados.

Fig. A:	4	**Fig. E:**	5
Fig. B:	–	**Fig. F:**	–
Fig. C:	1	**Fig. G:**	–
Fig. D:	3	**Fig. H:**	2

Pronunciación y ortografía

D Palabras parónimas: *ay* y *hay*.

1. hay
2. ay
3. ay
4. hay que
5. hay

E Deletreo.

1. Hay
2. ¡Ay!
3. hay
4. ¡Ay!
5. hay

F Dictado.

La era de Perón

Como ministro de trabajo, el coronel Juan Domingo Perón se hizo muy popular y cuando fue encarcelado en 1945, las masas obreras consiguieron que fuera liberado. En 1946, tras una campaña en la que participó muy activamente su segunda esposa, María Eva Duarte de Perón, más conocida como Evita, Perón fue elegido presidente con el 55 por ciento de los votos. Durante los nueve años que estuvo en el poder, desarrolló un programa político denominado justicialismo, que incluía medidas en las que se mezclaba el populismo (política que busca apoyo en las masas con acciones muchas veces demagógicas) y el autoritarismo (imposición de decisiones antidemocráticas).

¡A explorar!

Gramática en contexto: *hablar de lo que había, habrá y habría ocurrido*

G Escena familiar.

1. había cenado
2. había practicado
3. había visto
4. había leído
5. había salido

H Antes del verano.

1. habré organizado
2. habré planeado
3. habré obtenido
4. me habré graduado
5. me habré olvidado

I Deseos para el sábado.

1. Si no hubiera estado ocupado(a), habría ido a la playa.
2. Si no hubiera tenido que estudiar tanto, habría asistido a la fiesta de Aníbal.
3. Si hubiera hecho mi tarea, habría jugado al volibol.
4. Si hubiera terminado de lavar el coche, habría dado una caminata por el lago.
5. Si lo hubiera planeado con más cuidado, habría salido de paseo en bicicleta.

Vocabulario activo

J Lógica.

1. derrota
2. árbitro
3. entrenador
4. mediocampista
5. expulsar

K Definiciones.

1. a
2. c
3. a
4. b
5. c

¡A escuchar!

Gente del Mundo 21

A Dictador paraguayo.

1. C
2. C
3. F
4. N/R
5. C
6. F

Gramática en contexto: *narración informativa y descripción del pasado*

B Música paraguaya.

1. F
2. C
3. F
4. C
5. F
6. C
7. F

C Recuerdos del abuelo.

Fig. A: –
Fig. B: –
Fig. C: 2
Fig. D: 3
Fig. E: –
Fig. F: 4
Fig. G: 1
Fig. H: 5

Pronunciación y ortografía

D Palabras parónimas: *a, ah y ha.*

1. ha
2. a
3. ah
4. a
5. ha
6. ah

E Deletreo.

1. ha
2. a
3. a
4. Ah
5. ha

F Dictado.

Paraguay: la nación guaraní

Paraguay se distingue de otras naciones latinoamericanas por la persistencia de la cultura guaraní mezclada con la hispánica. La mayoría de la población paraguaya habla ambas lenguas: el español y el guaraní. El guaraní se emplea como lenguaje familiar, mientras que el español se habla en la vida comercial. El nombre de Paraguay proviene de un término guaraní que quiere decir "aguas que corren hacia el mar" y que hace referencia al río Paraguay que, junto con el río Uruguay, desemboca en el Río de la Plata.

¡A explorar!

Gramática en contexto: *comparar, predecir y hablar de lo que se había hecho*

G Comparación.

1. Creo que antes veía más programas en la televisión.
2. Tengo la impresión de que antes estudiaba menos.
3. Me dicen que antes era más cortés.
4. Pienso que antes iba al gimnasio más a menudo.
5. Creo que antes aprendía más rápidamente.
6. Opino que antes sufría menos de alergia.

H Visita a Uruguay.

1. había aprendido
2. había asistido
3. había viajado
4. había probado
5. había descubierto

I El siglo XXII.

1. obtendremos
2. haremos
3. descubriremos
4. resolveremos
5. viviremos

Vocabulario activo

J Lógica.

1. criollo
2. incas
3. mestizos
4. papa
5. mayas

K Opciones.

1. b
2. c
3. b
4. a
5. b

ANSWER KEY

¡A escuchar!

Gente del Mundo 21

A Escritora chilena.

1. F
2. N/R
3. F
4. N/R
5. F
6. C

Gramática en contexto: *narración informativa y emociones*

B Isla de Pascua.

1. a
2. c
3. b
4. b
5. a

C Alegría.

Fig. A: –
Fig. B: 1
Fig. C: 4
Fig. D: 5
Fig. E: 2
Fig. F: –
Fig. G: 3
Fig. H: –

Pronunciación y ortografía

D Palabras parónimas: *esta, ésta y está.*

1. ésta
2. está
3. esta
4. esta
5. ésta
6. está

E Deletreo.

1. esta
2. está
3. esta
4. está
5. ésta
6. ésta

F Dictado.

El regreso a la democracia

A finales de la década de los 80, Chile gozó de una intensa recuperación económica. En 1988 el gobierno perdió un referéndum que habría mantenido a Pinochet en el poder hasta 1996. De 1990 a 1994, el presidente Patricio Aylwin, quien fue elegido democráticamente, mantuvo la exitosa estrategia económica del régimen anterior, pero buscó liberalizar la vida política. En diciembre de 1993 fue elegido el presidente Eduardo Frei Ruiz-Tagle, hijo del presidente Eduardo Frei Montalva, quien gobernó Chile de 1964 a 1970. Chile se ha constituido en un ejemplo latinoamericano donde florecen el progreso económico y la democratización del país.

¡A explorar!

Gramática en contexto: *emociones*

G Lamentos.

1. lo inviten
2. se enfade
3. lo comprendan
4. le den
5. le preste

H Viejos lamentos.

1. lo invitaran
2. se enfadara
3. lo comprendieran
4. le dieran
5. le prestara

I Recomendaciones médicas.

1. se haga
2. volviera
3. trabajara
4. reduzca
5. coma
6. disminuyera
7. usara

J Opiniones de algunos políticos.

1. hubieran apoyado
2. eligen
3. llegara
4. desean
5. dieran
6. hubiera sido
7. respaldaran

Vocabulario activo

K Lógica.

1. comercio
2. excluir
3. PIB
4. amplificar
5. repúblicas bananeras

L Definiciones.

1. c
2. a
3. b
4. b
5. c